Andrea Riemer

Einssein gelebt!

Marie und Maria Magdalena am Weg zur Meisterschaft.

Impressum

Autorin: Andrea Riemer
Eigentümerin des Textes und Verlegerin:
Andrea Riemer
Rudolf Breitscheid Strasse 188; D-14482 Potsdam
office@andrea-riemer.de
Umschlagbildgestaltung: Andrea Riemer
Fotorechte: Andrea Riemer
Druck: epubli ein Service der neopubli GmbH, Berlin

1. Auflage 2019
Gender-Formulierung: Bei allen Bezeichnungen, die auf Personen bezogen sind, meint die gewählte Formulierung beide Geschlechter.
Alle Rechte, insbes. das Recht der Vervielfältigung und Verbreitung sowie der Übersetzung, sind der Autorin vorbehalten. Kein Teil des Werkes darf in irgendeiner Form (durch Fotokopie, Mikrofilm, Fotografie oder ein anderes Verfahren) ohne schriftliche Genehmigung der Autorin reproduziert oder unter Verwendung elektronischer und digitaler Systeme gespeichert, verarbeitet, vervielfältigt oder verbreitet werden.

Inhaltsverzeichnis

Inhaltsverzeichnis	3
Reisevorbereitungen	4
Zwei Frauen und ihre Begegnungsraumzeit	8
1. Materie und Geist: Wer macht den Anfang?	25
2. Geben und Nehmen: Was ist seliger?	47
3. Tun und Sein: Wann kommt was zum Zug?	63
4. Tag und Wunsch: Vom Traum zur Umsetzung?	77
5. Verstand und Gefühl: Widerstreit oder geniale Paarung?	92
6. Wissen und Weisheit: Zwei vom Selben?	103
7. Die Teile und das Ganze: Details oder Überblick?	113
8. Revolution und Evolution: Die Fiktion von schnell und langsam?	122
9. Eroberung und Verführung: Tabus und Hintergründe?	132
10. Das Väterliche und das Mütterliche: Zwischen Mut und Schutz?	152
11. Das Männliche und das Weibliche im Symbolon: Ist das tatsächlich möglich?	159
Abschied und Weiterreise	188

Reisevorbereitungen

∞

Die spirituelle Figur der Maria Magdalena, die Gefährtin Jesu, fasziniert mich seit vielen Jahren. Sie ist für mich ein Beispiel für Meisterschaft am Lebensweg und für Einssein gelebt.

So lag es auf der Hand, irgendwann über diese Meisterschaft am Lebensweg und über das gelebte Einssein zu schreiben und mich dabei von Maria Magdalena inspirieren und führen zu lassen. Dazu nahm ich eine ganze Reihe an Anläufen, bis ich den eigentlichen Zugang als Teil meines eigenen Weges gefunden hatte. Doch als mir das gelang, eröffnete sich für mich ein mir bislang unbekannter Kosmos. Ich erhielt einen Vorgeschmack darauf, was Meisterschaft am eigenen Weg sein kann.

Viele große Denkerinnen und Denker haben sich mit diesem Meisterweg befasst, jede und jeder für sich. Hildegard von Bingen, Theresa von Avila, Aristoteles, Plato, um nur einige willkürlich herausgepickte Persönlichkeiten zu nennen. Auch sie waren mir auf meinem Weg Inspiration. Ich bin also nicht die Erste und werde nicht die Letzte sein. Es ist mein sehr persönlicher Weg. Es sind meine bisherigen Erkenntnisse auf diesem Weg, die ich mit meinen Leserinnen und Lesern teile. Es sind Gedanken, wie man über das Erkennen und Leben der menschlichen Dualität Meisterschaft und letztlich Lebensglück erfahren kann. Der Weg ist nie zu Ende. Doch es gibt ermutigende Zwischenergebnisse, die zum Weitergehen motivieren.

Wie erlangt man die innere Balance, um sie auch im Äußeren zu erfahren? Wie kommt man heil durch das Labyrinth des Lebens? Wie erkennt man den fehlenden Teil in eigenen Sein, das sog. *Symbolon*? Wann hat man Lebensglück und eine Form von Meisterschaft erreicht oder ist es der Weg, der das Ziel ist? Was bedeutet Einssein gelebt konkret im Alltag?

Diese und mehr Fragen alleine spirituell zu beantworten, war mir zu wenig und zu einseitig. Ich hätte damit die seit langem bestehende Trennung fortgeführt und die Polarität als Lebensprinzip verfestigt.

Mir ist seit jeher in meinen Gedanken die Verbindung wesentlich. Daher habe ich mich sowohl von den klassischen Wissenschaften als auch von spirituellen Lehren inspirieren lassen und eine Brücke gebaut, die manch scheinbar Unverständliches verständlich und lebbar macht. Man bezeichnet dies als noetisches Denken, als Denken über Bewusstsein. Dabei verknüpft man wissenschaftliche Erkenntnisse und altes Mysterienwissen in einer Weise, dass beide Seiten zu etwas Neuem verschmelzen. Dies ist auch eine Form von neuer Einheit, die so neu gar nicht ist. Doch wir haben viel davon vergessen. Es ist die Verbindung, die in Balance bringt und nicht der – scheinbare – Widerspruch. Dieses neu Verbundene soll gelebt werden –

im Alltag, mit einer gewissen Selbstverständlichkeit und in Eigenverantwortung.

Ich biete Antwortversuche zu einem der großen Mysterien des Menschseins, dem Weg aus der Polarität in die Einheit und damit in die Meisterschaft an. Dabei habe ich mir alle Freiheiten genommen, die mir für die Antworten und deren Verständlichkeit wichtig erschienen. Es sind Antworten von jemand, der selbst auf dem Weg ist und dankbar für die Anregungen und die Begleitung durch die spirituelle Figur der Maria Magdalena ist. Die historische und die theologische Maria Magdalena findet bei mir keine Berücksichtigung, weil sie mir bei meiner Antwortsuche mehr Hindernis denn Hilfe gewesen wäre. Die spirituelle Maria Magdalena hingegen erwies sich als exzellente Helferin, als liebevolle Begleiterin und als Freundin des Lebens, die den Tanz mit dem Leben vollendet und anmutig beherrscht.

Was entstand, ist ein auf *WeisheitsWissen* basierendes Buch, ein Plädoyer für das Erkennen von Polarität, für die Achtung des weiblichen Weges. Dieser Weg ist der spirituelle Weg. Es ist weiters ein ‚Ja' zum bewussten Gehen dieses Weges – unabhängig vom physischen Geschlecht. Die Achtung des Weiblichen ermöglicht auch die Achtung des Männlichen. Es ist ein Plädoyer, dem Männlichen, dem Intellektuellen, der Materie, dem Verstand Raum und Zeit zum Atmen zu lassen, um sich von der jahrhundertelangen Überforderung zu erholen und sich zu erneuern. Dann erst ist Einheit möglich.

Das Buch ist auch eine Plädoyer, sich auf den Weg in die eigene Meisterschaft zu machen, jeden Tag, immer wieder und wieder – mit allen Heraus- und Hereinforderungen, die das Leben zu bieten hat. Es ist eine Aufforderung, sich dem gelebten Einssein jeden Tag aufs Neue hinzugeben und es zumindest immer wieder zu versuchen.

Mögen die Gedanken Inspiration sein, sich auf den eigenen Weg zu machen und dabei vertrauensvoll und mutig das Labyrinth des Lebens zu durchschreiten, das Symbolon zu finden, dabei immer mehr Schritte in die innere Einheit zu machen und die Meisterschaft im eigenen Sein zu genießen.

Potsdam, im Frühjahr 2019   Andrea Riemer

∞

Zwei Frauen und ihre Begegnungsraumzeit

∞

Marie, ja – Marie war auf ihrem Weg, noch ein Stück von ihrer Meisterschaft entfernt. Doch es war ihr Weg, den sie konsequent und, je länger er dauerte, mit immer größer werdender Freude ging. Sie hatte ihn im Zuge ihrer Gesundung nach einer schweren Erkrankung mit allem, was dazu gehört, nach ihrem Nahtoderlebnis … gefunden.

Dabei hatte Marie ihren grundsätzlichen Platz im Sein, im Kosmos eingenommen. Was für ein Glück! Doch hier begann ihr eigentlicher Weg erst. Auch das empfand sie als Glück. Ihr Weg war ihr in die Hand geschrieben. Die Form und die Inhalte variierten immer wieder. Doch – sie war bereit, mit dem Leben zu tanzen.

Natürlich hatte sie auch ihre Zweifel. Ja, es gab auch Niederlagen und manches, was sie sich so sehr wünschte, klappte nicht oder ließ schlicht auf sich warten. Ihre innere Ungeduld hatte sich auch noch nicht ganz gelegt. Sie war ihr gleichzeitig ein innerer Antrieb auf ihrem Weg, es wieder und anders zu versuchen. Marie musste in Bewegung bleiben, in einer harmonischen Bewegung, in einem Tanz mit dem Leben. Dann konnte ihr persönlicher Tanz entstehen und sich entfalten. Sie konnte ihn mehr und mehr verfeinern.

Was trieb sie an? Wie kann eine erfahrene Wissenschafterin Spirituelles so natürlich in ihre Arbeiten integrieren? Marie machte dies mittlerweile spielerisch und selbstverständlich. Sie gab nie etwas auf klassische Trennungen, blickte hinter bekannte Horizonte und verband das scheinbar Unverbindbare. Es gab so viel, das sich nicht mit bekannten Instrumenten und Methoden belegen ließ – und doch vorhanden war. Diese Wahrnehmungen konnten mit dem Verstand alleine nicht ausgedeutet werden, sondern nur gemeinsam mit dem Gefühl, mit etwas, das ‚dahinterliegt' – was und wo immer dieses ‚Dahinter' sein mag. Alles zusammen ergab die Herzensausdeutung. Marie hatte in den letzten Jahren gelernt und für sich den scheinbaren Widerspruch aufgelöst. Sie sah sich als Noetikerin. Die Noetik verbindet die Quantenphysik und den antiken Mystizismus. Sie ist das fehlende Glied zwischen moderner Wissenschaft und alten Mythen. Dabei will sie belegen, dass der Mensch über Kräfte verfügt, die weit darüber hinausgehen, was wir uns auch nur im leisesten Ansatz mit uns Bekanntem vorstellen können. Es ist eine Form von Einweihung. Sie gründet auf der Erkenntnis des göttlichen Allwissens. Einweihung ist ein Bewusstwerdungsprozess. Genau dieser Einweihung, diesem Meisterweg widmete sich Marie mit ihrer gesamten Disziplin und Hingabe.

Für besondere Begegnungen hat sie Orte, wo sie immer und sofort in einen erweiterten Bewusstseinszustand kommen konnte. Das ging ganz einfach über den Atem. Einer dieser Orte ist die Ägyptische Abteilung der Staatlichen Museen in Berlin. Es war ein besonderer Tag, dieser 21. März, der Tag der Tag-und-Nachtgleiche. Angenehme Temperaturen und der so typisch, noch leicht milchige Sonnenschein, der das Frühjahr, den Neubeginn ankündigte. Marie liebte die Stadt, ihre Schnoddrigkeit, ihre Schludrigkeit, ihre Geschichte, die an jeder Ecke hervorguckte, ihre Freiheit und Vielfalt, ihre Menschen mit der eigenen Direktheit ... und sie liebte die zahlreichen Kunstschätze.

Hier besuchte sie vor zehn Jahren erstmals die Büste der Nofretete. Seither hatte sie sie unzählige weitere Male besucht und dabei immer Erkenntnisse über sich und ihr Leben gewonnen. Selbst wenn das Museum über weitere großartige Schätze verfügt - die kleine, so prominente Büste war ihr immer wieder Inspiration für so manch existentielle Frage und für so manches Buch, denn Marie schrieb immer über etwas. Schreiben war Maries Lebenselixier. Es war Rahmen und Inhalt ihres Daseins.

Erwartungen hatte Marie nie, wenn sie zu Nofretete ging. Es kam immer, was gerade kommen und sich zeigen wollte. Sie musste nie etwas tun oder gar bitten und betteln. So war Marie neugierig, ob und was ihr die Büste wieder zuflüstern würde. Wer Ohren hat zu hören, der höre …

Doch ihr eigentliches Ziel war etwas Anderes. Vor einigen Tagen hatte sie mit der Leiterin der Papyrussammlung ein Treffen vereinbart, um das Evangelium der Maria zu begutachten. Es waren nur mehr Teile dieses Maria Magdalena, der Gefährtin Jesu, zugeschriebenen Textes vorhanden. Die Zuordnung ist ungewiss, doch es ging Marie mehr um das Gefühl in der Wahrnehmung als um eine konkrete historische und theologische Zuschreibung. Es ging ihr um eine Ausdeutung mit ihrem Herzen. Was würde sie empfinden, wenn sie den Papyrus das erste Mal physisch sehen, wahrnehmen konnte? Bei der Besichtigung des Papyrus wollte sie die undefinierbare, geheimnisvolle Energie, die oft von Artefakten dieser Art ausging, aufnehmen. Marie konnte kein Sahidisch, ein koptischer Dialekt. In dieser Sprache war der Text verfasst. Doch sie hatte von dem Papyrus mehrfach Bilder gesehen und wollte die Gelegenheit wahrnehmen, einen Blick auf das Original zu werfen und sich einige Fragen dazu beantworten zu lassen. Marie wollte damit auf eines der großen Mysterien zugehen und die Gedanken von Maria Magdalena noch stärker mit dem Herzen erfassen. Was tatsächlich auf sie zukam, wusste sie nicht. Das war ihr auch nicht wichtig. Sie war offen und bereit. Wer Ohren hat zu hören, der höre. Wer Augen hat zu sehen, der sehe …

Marie verließ die Busstation vor den Museen und schritt bestimmt auf den markanten und ihr mittlerweile so vertrauten Bau auf der Museumsinsel zu. Eine leichte, milde Brise umspielte ihr Gesicht. Im Lustgarten hatten die Bäume erste grüne Spitzen. Bald würden sie Blätter tragen, die im oft heißen Sommer in dieser großen, vibrierenden Stadt Kühle spendeten. Alles stand auf Neubeginn. Die Natur machte es vor. Jedes Jahr von neuem. Jedes Jahr war es ein Erlebnis, wenn man darauf achtete. Marie hatte sich diese Achtsamkeit erworben.

Mittlerweile war sie am Eingang zum Museum angekommen. Sie übernahm das Ticket, das für sie hinterlegt war, bedankte sich mit einem Lächeln und ein paar freundlichen Worten beim Empfang. Dann schritt sie zügig die Treppe hinauf. Es war jedes Mal beeindruckend, dieses Foyer mit dem großzügigen Aufgang und den kahlen Wänden in Sandfarben zu betreten. Dieser besondere Raum lässt einen staunen und deutete an, was man erwarten konnte – Großes, Einzigartiges, Besonderes.

Marie kannte den Weg zu Nofretete blind und sie freute sich unbändig auf die Wiederbegegnung. Sie durchquerte die Räume, die voll von bemerkenswerten und einzigartigen ägyptischen Artefakten waren. Heute schenkte sie ihnen nicht so lange Beachtung wie üblich. Wer weiß, was ihr Nofretete wieder mitgab … Sie war immer für Überraschungen gut.

So stand sie fast andächtig vor dem durch das Tageslicht sanft beleuchteten Raum, in dessen Zentrum der große Glaskubus mit der im Original klein und zart wirkenden Büste steht. Der Raum war überraschenderweise leer, was ganz selten vorkam. Marie straffte ihren Körper, atmete mehrfach durch und betrat den Raum mit leisem Schritt. Jedesmal hatte sie das Gefühl von Heiligkeit, wenn sie sich in diesem Raum aufhielt. Sie stellte sich vor den Kubus, schloss die Augen und atmete tief in ihr Herz weiter. Augenblicklich stellte sich Entspannung in ihr ein. Sie war alleine mit Nofretete. Es war jedes Mal für sie ein Erlebnis, dieser Frau zu begegnen und die Büste wahrzunehmen, mit allen Schrammen und Kratzern. Sie ist immer noch von unnachahmlicher Schönheit und Reinheit. Wie wenig doch das Äußere letztlich von Bedeutung ist? ... Vor allem aber hatte sie für Marie eine besondere Kraft und Ausstrahlung. Sie war schlicht eine präsente, souveräne Frau, die alles in sich hatte. Marie hörte das leise Surren der Klimaanlage, die für gleichmäßige Temperaturen sorgte. In weiter Ferne nahm sie Schritte und Gemurmel anderer Besucher wahr. Doch es war alles sehr entfernt, in den zahlreichen anderen Ausstellungsräumen.

Marie fühlte ihren Puls und hörte das Blut in ihren Ohren rauschen. Sie atmete weiter gleichmäßig, entspannte sich vollkommen - und tat schlicht nichts. Sie IST – jenseits von Raum und Zeit.

So stand Marie, atmete sanft, ihre Augen waren nahezu geschlossen. Das Surren der Klimaanlage und das Gemurmel aus den anderen Räumen wurden leise, bis beides in Marie ausgeblendet war.

Stille, Leere, Nichts. Marie stand wie eingefroren und doch höchst lebendig vor Nofretete. Sie genoss dieses Gefühl von ganz in sich sein, von ganz in ihrem Kosmos zu sein und sich mit jenem von Nofretete innerlich zu verbinden. Raum und Zeit waren aufgelöst.

„Dreh dich um," kam es sanft und sehr leise aus dem Nichts. Marie reagierte zuerst nicht. „Dreh dich um," kam es nochmals etwas intensiver. Sie fühlte mehr als sie physisch hörte. Maries Körper vibrierte leicht. Sie nahm ihre Eigenschwingung und die Schwingung des Raumes wahr. Langsam öffnete sie ihre Augen, blinzelte, um sich an das Licht zu gewöhnen – und sah niemanden. Sie war nach wie vor alleine mit Nofretete. Und doch – sie fühlte die Anwesenheit von etwas, das sie nicht benennen konnte. Es war mehr eine Empfindung, als dass sie Konkretes wahrnahm. Marie war mittlerweile sehr gut im Wahrnehmen solcher Empfindungen. Sie begann, sich sanft und leicht zu bewegen.

Es war ein zarter Sog, der sie aus dem Nordkuppelsaal, den Raum für Nofretete, in den Niobidensaal, der die Verbindung zum Südkuppelsaal mit der überlebensgroßen Herkulesstatue bildet, zog. Sie gab diesem leisen, doch spürbaren Sog nach. Marie wurde von einer imaginären Hand genommen und zu einer der Bänke in dem beeindruckenden Verbindungsgang gezogen. In diesem Verbindungsgang lag der Maria-Magdalena-Papyrus ausgestellt. Tageslicht strömte durch die Glasfenster. Marie hatte ihren Augen leicht geöffnet, um sich zu orientieren. Sie ließ sich vollends ziehen und wurde gebeten, Platz zu nehmen. So setzte sie sich zögerlich, blickte sich nochmals suchend um, obgleich sie tief in sich wusste, dass sie mit ihren physischen Augen nur Bruchteile dessen wahrnahm, was um sie geschah. Wer Augen hat zu sehen, der sehe …

Marie schloss ihre Augen ganz, weil ihr physisches Sehen sie mehr vom Geschehen ablenkte als es ihr half. Sie war vollends auf die gesamthafte Wahrnehmung ausgerichtet. Alle Antennen waren ausgefahren. Sie atmete tief und regelmäßig in ihr Herz. Das war für sie der Weg in ihr Inneres. Dorthin wurde sie gerufen.

Nun saß sie da, atmete – und wurde gewahr, dass jemand neben ihr saß. Sie konnte nicht sagen, wann sich diese oder dieser jemand neben sie gesetzt hatte. Es war keine konkrete bildliche Figur, sondern mehr eine Energie. Zuerst flüchtig wie ein Windhauch, doch dann mehr und mehr kraftvoll und eindeutig. Marie nahm klar wahr, dass es eine alterslose Frau war, die neben ihr saß. Sie lächelte sie freundlich an und nahm ihre Hand. Obgleich sich alles zart, sanft und warm anfühlte, spürte Marie eine kraftvolle Energie durch ihren physischen Körper fließen ... ein angenehmes, stärkendes Gefühl. Sie richtete sich innerlich auf und war nun dieser Energie neben ihr vollkommen gewahr.

Da war sie - die sie seit Jahren kennenlernen wollte. Sie, die sie seit vielen Jahren begleitete ... Marie wusste, dass Maria Magdalena, die spirituellen Gefährtin Jesu, neben ihr Platz genommen hatte. Natürlich nicht im sogenannten realen, physischen Leben. Doch was ist Realität? Hat Realität nicht viele Dimensionen? War Realität reines Bewusstsein? Marie empfand eine selten gekannte innere Gewissheit, dass es Maria Magdalena war. Keine Einbildung, sondern es war die ihr eigene Energie, die Marie Kraft ihres ausgeprägten inneren Wissens zur Seite saß.

Die beiden Frauen erkannten einander am Blick. Es mussten keine Worte gewechselt werden. Es wurde nicht im herkömmlichen Sinn gesprochen. Und doch gingen Botschaften zwischen den beiden hin und her, die von einer hohen Kraft und großen Reinheit waren. Wer Ohren hat zu hören, der höre.

Maria Magdalena, die als die spirituelle Vermittlerin zwischen Welten, dem Menschen und dem Göttlichen angesehen wird, saß ruhig und friedlich neben ihr. Maries Herz klopfte vernehmlich. Ihr gesamter Körper vibrierte leicht. Gleichzeitig war eine unbändige Freude in ihr. Sie fühlte die innere Verbundenheit, denn auch Marie war eine Vermittlerin zwischen Welt. Zwischen anderen Welten als Maria Magdalena, doch sie war ebenfalls Vermittlerin. Maria Magdalena vermittelte auf der inneren Ebene und schenkte die direkte Erkenntnis. Sie hatte die Heilige Hochzeit aus dem Männlichen und Weiblichen bereits im Herzen vollzogen und gilt auch heute noch als spirituell-symbolisches Beispiel für die gelebte Einheit aus Männlichem und Weiblichem. Sie ist Beispiel, wie man den eigenen Lebensweg meistert und den Tanz mit dem Leben lebt. Sie hinterließ viel ... wer es fassen kann, der fasse es.

Marie versuchte sich zu orientieren. Wo fand diese Begegnung statt? Sie atmete, tief und gleichmäßig. Nach einiger Zeit wurde Marie bewusst - es war in einer *Imaginale*, in einem Zwischenreich aus Raum und Zeit. Es war das erste Mal, dass sie diesen Bereich, über den sie viel gelesen hatte, betrat. Symbolisch kann man dies auch als *Nous*, als RaumZeit zwischen dem Menschlich-Konkreten und dem Göttlich-Spirituellen bezeichnen. Es ist eine gedacht-gefühlte RaumZeit, die sich ergibt, wenn man sie zulässt. Manche bezeichnen sie als die ‚Nadelspitze der Seele'. Diese RaumZeit ist jene, die der spirituellen Maria Magdalena zugeschrieben wird.

Für Marie war dies eine nahezu ungeheuerliche Erfahrung, doch sie war neugierig. Sie ließ sich sehr gerne in dieser für sie neuen RaumZeit auf die Begegnung ein – auch wenn sie nicht wusste, was auf sie zukommen sollte. Tiefes Vertrauen reichte für den Moment. Es war keine Nahtoderfahrung. Die kannte sie. Nein, es war das Empfinden eines erweiterten Bewusstseins. Ob es die Einheitserfahrung war, konnte Marie nicht sagen. Nicht in diesem Moment. Es war für sie ein Zustand, der von Frieden und großer Klarheit durchdrungen war. Es gab keine Intention, kein Machen und Tun. Es war wie reines Zuhause Sein.

In dieser RaumZeit konnte Maria Magdalena anbieten, Marie ihre Antworten zu Fragen zum Weg in die Einheit aus Weiblichem und Männlichem, zum Tanz mit dem Leben und zum Weg der Meisterschaft zu geben. Dazu lud sie Marie zu einem imaginären Spaziergang durch ein ebenso imaginäres Labyrinth ein.

„Ich bin hier und will dir den Weg zeigen, den du seit Jahren schon gehst und immer wieder fragst und zweifelst. Ich will dir die dir fehlenden Teile zeigen und dich in den bewussten Tanz mit dem Leben einführen." Hatte Maria Magdalena zu ihr gesprochen? Erstmals nahm Marie Sprache wahr. Sie erschrak, weil sie so etwas wie eine Stimme ‚hörte'. Sie war leise und eindringlich, klar und deutlich.

„Bin ich nun vollends verrückt?" fragte Marie sich. Doch es blieb ihr keine Zeit, ihren schlauen Verstand einzuschalten. Der Sog zog sie weiter in diese *Imaginale*, sanft und bestimmt zugleich.

„Lass uns gehen. *Solvitur ambulando* – es löst sich während des Gehens. Lass uns in unserer RaumZeit gehen," forderte Maria Magdalena sie sanft auf.

Marie war klar, was nun kam. Sie hatte so viel gelesen und nun konnte sie es endlich erfahren. Nichts musste groß besprochen werden, weil alles gesagt war. Marie wusste, es ging um das *Labyrinth* und das *Symbolon*. Endlich ging es los. Endlich – nach so vielen Jahren des Wartens, des Lesens, des Sammelns und des Lernens. Marie war gewahr und lauschte. Auch wenn sie vieles von dem, was nun kommen würde, schon kannte. Sie war offen und gespannt, ob Maria Magdalena ihr noch etwas mitgeben würde, das sie noch nicht kannte. Sie war tief in sich gewiss, dass sich ein Geheimnis enthüllen würde, das in die wahre Meisterschaft führt.

„Du musst wissen, das **Labyrinth** geht auf König Salomon und die Königin von Saba zurück. Es ist perfekt konstruiert. Es ist Ausdruck für die Meisterschaft am Lebensweg. Es ist das Symbol für Freiheit und für Liebe, für den Tanz des Lebens. Die Wahrheit ist dabei immer sehr einfach. Durch das Labyrinth zu gehen, gibt dem dafür Offenen die Möglichkeit, zu hören und zu sehen, was die Seele ihm sagen will und was dem Herz wichtig ist. Das Gehen ermöglicht die Verbindung des eigenen Inneren mit dem Göttlichen. Erreicht man den Mittelpunkt, dann kann man diese Stimme am deutlichsten wahrnehmen. Bleib frei von alten Vorstellungen während des Gehens. Lass sie am Eingang des Labyrinths liegen. Du brauchst sie da drinnen nicht. Sie sind wie schwere, unpraktische Taschen, die dich und deine Wahrnehmung von dem, was tatsächlich wichtig ist und sich dir zeigen will, ablenken. Danach - gehe langsam und atme. Es ist ein Gebet im Gehen, eine getanzte Meditation, die Geist, Körper und Seele vereint. Der Gang ermöglicht WeisheitsWissen. Er ermöglicht dir einen Blick in deine Seele und in dein Herz. Bleib offen für das, was sich zeigt. Dabei gibt es weder einen richtigen noch einen falschen Weg durch das Labyrinth. Es gibt nur den eigenen Weg. Hinsichtlich des Tempos gibt es auch keine Vorgaben. Jeder findet sein eigenes Tempo und geht es mit Disziplin und Hingabe. Das Labyrinth ist auch Ausdruck für sich kreuzende Lebenswege der Menschen. Lasse dem, der vor dir geht, genug Zeit für seinen Weg. Begegnet einander mit Respekt. Wenn man sich in Biegungen begegnet, lässt man den anderen schweigend passieren. Jeder ist auf seinem Weg unterwegs, doch trifft er immer wieder andere.

Das Labyrinth des Salomon hat 11 Kreise. Die 11 ist die Zahl für den Pfad der Einweihungen. Zählt man beide Kreissysteme zusammen, so gelangt man zur 22, die Zahl für die Vereinigung des Göttlich-Männlichen und des Göttlich-Weiblichen. 22 ist auch eine Zahl der Vollendung, der Ganzwerdung – eine Meisterzahl wie die 11 und die 33.

Da das Labyrinth 11 Kreise in der Version von Salomon hat, gibt es 11 Aspekte zur Verbindung des weiblichen Wegs und mit dem männlichen Weg."

Marie hatte aufmerksam gelauscht, nichts gefragt, weil alles klar und deutlich vor sie gelegt wurde. Sie war vielmehr von der vielgestaltigen Symbolik angetan. Mehrfach hatte sie das große Labyrinth in der Kathedrale von Chartres besichtigt. Jedes Mal, wenn sie es durchschritt, geschah etwas Besonderes, etwas Bahnbrechendes in ihrem Leben. Umso aufmerksamer hatte Marie zugehört. Es war ein aktives Zuhören aus dem WeisheitsWissen. Sie hatte es über Jahre gelernt und daraus viel Nutzen für ihren Lebensalltag gezogen.

Maria Magdalena setzte sanft und mit leiser Stimme fort. „Das **Symbolon** ist das zweite Element, das ich dir näher bringen will. Ein Symbolon ist ein Erkennungszeichen, ein Freundschaftszeichen, ein Zeichen, sich wiederzukennen – nach einer langen Reise der Getrenntheit. Es ist also ein Zeichen für etwas, das im Leben eines Menschen gegenwärtig, jedoch nicht unmittelbar greifbar ist. So fallen beim Zusammentreffen der beiden Teile die einzelnen Mythen zu einem Ganzen zusammen und das Symbolon ist für einige Zeit wieder komplett. Das Menschsein und das Symbolon hängen eng zusammen. Menschsein ist Ausdruck einer Ganzheit. Es ist eine innere Haltung, die Männliches und Weibliches, Verstand und Gefühl,

Geist und Materie und vieles mehr umschließt. Es löst eine gleichwertige und ebenbürtige Reaktion aus und drückt so ein geistig-emotionales Gleichgewicht aus. Dazu muss man beide Pole in ihrer Tiefe und Breite kennen und im Labyrinth des Ausdrucks für Leben integrieren, um sie zum Tanz zu führen. So kann die Meisterschaft stattfinden."

Marie begann ihre Gedanken, Wahrnehmungen und Empfindungen zum Tanz mit dem Leben wahrzunehmen. Ihre Begleiterin setzte fort: „Wenn du wahre Erkenntnis erlangen willst, musst du zuerst dich selbst kennenlernen. Du musst wissen, wer und was du bist, woher du kommst, wohin du gehst, was deine Aufgabe, dein Seelenauftrag ist. Du bist schon weit gekommen auf deinem Weg. Doch auf dieser Reise zu dir und mit dir durch das Labyrinth hin zum Symbolon wirst du noch deutlicher entdecken, dass alle großen Wahrheiten bereits in dir verborgen sind. Wo sollten sie denn anders sein?! Über den Weg der Selbsterkenntnis lernst du gleichzeitig alle großen Weltengeheimnisse. Denn: wie im Kleinen, so im Großen. Du musst dir daher immer zuerst die beiden Pole in allen Facetten ansehen, sie durchleben, sie durchdringen und sie erfassen. Dann erst kannst du in die Einheit und somit in die Meisterschaft gehen. Es ist ein innerer Prozess, der sich im Außen oft nur sehr unscheinbar zeigt. Und doch ist es einer der kraftvollsten Prozesse, wenn nicht der kraftvollste Prozess des Menschen. Wohl auch weil der *Anthropos* das Ziel ist, der sich selbsterkennende Mensch, der in der Ganzheit als Mensch lebt, den Tanz mit dem Leben begriffen hat und ihn damit meisterlich leben kann."

Nun wusste Marie über Takt und Rhythmus des Tanzes mit dem Leben Bescheid. Vieles davon hatte sie bereits gelesen und probiert. Doch es war immer etwas Besonderes, dies aus dem Mund einer Berufenen zu hören und es mit dem WeisheitsWissen aufzunehmen. Marie war neugierig und rutschte wie ein Kind ein wenig umher. Maria Magdalena lächelte sanft und wusste, dass Marie nun für den Weg in die Einheit bereit war.

„Ich werde dir unterschiedliche Aspekte des Männlichen und des Weiblichen, der beiden großen Pole, näher bringen. Du musst beides kennen und gelebt haben, um den Tanz mit dem Leben zu beherrschen und in die Meisterschaft zu gelangen. Wenn du weggehst, kannst du ankommen. Doch du bleibst nicht. Du nimmst auf und gehst wieder. Bewegung ist alles. Stillstand ist Fiktion, ist Tod. Du kannst jederzeit Fragen stellen, doch höre zuerst zu, denn wer Ohren hat zu hören, der erhält die Antworten in der großen Stille des Seins."

So saßen die beiden Frauen da. Nur sie konnten einander sehen. Sie hatten sich in ihrer *Imaginale* ihre eigene RaumZeit geschaffen, zu der nur sie Zutritt hatten. Marie war reisebereit. Sie war bereit, Maria Magdalena in ihren Ausführungen zu folgen. Dann, wenn sie diese für sich aufgenommen hatte, dann erst konnte sie diese in einfache, verständliche Sätze fassen. Das war ihr großes Anliegen. Diese scheinbaren Geheimnisse sollten all jenen Menschen zugänglich gemacht werden, die bereit waren, verantwortungsvoll damit umzugehen. Wer diese Grundbereitschaft nicht zeigte, dem würden sich diese Geheimnisse gar nicht zeigen, geschweige denn enthüllen.

*Die Begegnung von Marie und Maria Magdalena findet in einer RaumZeit, der Imaginale statt.
Auch du kannst diese RaumZeit für dich eröffnen, z.B. durch Meditation und durch Atemtechniken.
Dafür brauchst du die innere Bereitschaft und die freie Absicht, offen zu bleiben und zuzulassen, was sich dir jetzt zeigen will.*

1. Materie und Geist: Wer macht den Anfang?

∞

So standen die beiden Frauen am Eingang des Labyrinths aus scheinbar zahllosen grünen Hecken in einem großen imaginären Park. Das Wetter war angenehm. Die Sonne schien in dem dem Frühling eigenen zarten, milden Licht; eine leichte Brise ging. Man konnte förmlich riechen, dass es sich um einen Frühlingstag am späteren Morgen handelte. Die Geräuschkulisse aus dem Rascheln der ersten grünen Blätter und aus aufgeregtem Vogelgezwitscher nahm Marie gedämpft war. Sie fühlte sich in einem besonderen Kokon, der durch ihre erweiterte Wahrnehmung entstanden war. Beide Frauen waren nun bereit, das Labyrinth, vor dem sie standen, zu betreten und das Symbolon zu finden – was immer es auch sein mag. Marie war neugierig, gespannt, aufgeregt – fast wie ein kleines Mädchen an der Hand ihrer Mutter. Das war eine ausgezeichnete Voraussetzung, denn so würde sie alles unverstellt aufnehmen, das Maria Magdalena ihr erzählte.

Die Stille der ersten Schritte wirkte dennoch ein wenig unbehaglich auf Marie. Was kommt jetzt? Was soll ich tun? … Sie fasste sich ein Herz … „Wo fängt alles an?," fragte Marie zögerlich. Irgendwo musste sie ja beginnen, meinte sie in ihrem Inneren zu verspüren.

Da war sie ganz Menschenkind; Menschen müssen immer sprechen; damit übertünchen sie ihre tiefe Angst. Sprechen lenkt ab und nimmt diese Angst. Irgendwie ... ja, irgendwie muss ja immer etwas im Äußeren passieren. ...

Maria Magdalena ließ einige Momente der Stille vergehen. Dann sprach sie leise, doch sehr klar und eindringlich: „Wir kommen alle aus dem reinen Bewusstsein, einer Form von dem, was man in der menschlichen Sprache mit Leere, mit Nichts umschreiben kann. Damit kann man das Unvorstellbare noch am ehesten ausdrücken. Alles ist dabei Schwingung, reine Energie, formlos und gleichzeitig formseiend. Es gibt jedoch – und das mag widersprüchlich für dich klingen - weder die absolute Leere noch das absolute Nichts. Dieser Widerspruch ist von Beginn an dabei. Er ist mit ein Schöpfungsprinzip. Aus dieser scheinbaren Leere erscheint durch einen göttlichen Impuls der *Circumpunkt*, der den Beginn markiert. Es ist der Kreis, der weder Anfang noch Ende kennt, in dessen Zentrum ein Punkt liegt. Der *Circumpunct* ist das Symbol für universelles Bewusstsein, für eine globale gemeinsame Vorstellung vom Göttlichen, vom Großen Baumeister aller Welten."

Es vergingen wieder Momente. Marie war ein wenig ratlos. Ja, sie hatte vom *Circumpunct* als universelles Symbol schon gehört. Doch was sollte das jetzt hier? Sollte sie weiterfragen oder einfach abwarten? ...

Maria Magdalena griff ihren Gedanken auf.

„Du kannst Bewusstsein sehr vielfältig definieren, doch dies wird deine Erkenntnisse nicht erweitern. Nimm es als gegeben an, als etwas, das ist. Es ist der sehr lebendige Urgrund. Er beinhaltet alles, was ist. Verheddere dich nicht in alleine von Gedanken gesteuerten Diskussionen. Sie bringen dich nicht weiter. Du erhältst über den Kopf-Weg keine Antworten, die dich nähren. Erfühle es mit dem WeisheitsWissen. Dann bist du dort, wo du am Beginn warst und wo du wieder nach Hause kommen wirst."

Stille stand zwischen den beiden Frauen. Man konnte bloß das leise Knirschen vom Gehen über die Steinchen am Weg hören. Wenn man genau hinhörte, dann war vielleicht noch der Atem von ihnen zu hören. Kein Gewand raschelte, kein Windhauch ging. Es war wahrlich Stille eingetreten, feierliche Stille.

„Das klingt wie ein Nebel. Es ist für mich nicht fassbar. Damit kann ich nur wenig anfangen. Was du beschreibst, ist nicht von dieser Welt."

Momente des Atmens. Maria Magdalena setzte ihre Gedanken leise und doch sehr klar fort. „Ja – wenn du in deinen alten Vorstellungen, in dem, was dir bekannt ist, was du jemals gelesen, geschaut, erfahren hast, verbleibst, dann bleibt ewiges Bewusstsein für dich unfassbar und nicht von dieser Welt. Doch es gibt nur diese eine Welt im Sinne diesen einen Kosmos. Dein Geist darf sich keiner Idee verschließen, nur weil sie für dich bislang unbekannt war und vielleicht eigenartig klingt. Wenn du also bereit bist, dich zu öffnen und tatsächlich mit dem Herzen zu schauen, dann wird sich dir etwas Unbeschreibliches zeigen. Du wirst erkennen, dass der Urgrund des Seins höchst lebendig ist. Er zeigt dir Ideen als das Geschaute, das Erlebte als geistige Urprinzipien. Du kannst dabei nicht mehr weiter reduzieren, weil ansonsten die Essenz wieder verloren geht."

Marie fühlte noch immer keinen für sie fassbaren Zugang. „Und doch bleibt es ein Nebel für mich," entgegnete Marie leise und ein wenig ratlos. Ihr scharfer Verstand und ihr umfangreiches Wissen erwiesen sich gleich am Beginn des Weges als – scheinbar - großes Hindernis. Das klang nicht besonders erbaulich, war sie doch so stolz auf ihr intellektuelles Wissen. Da war sie Spitzenklasse. Doch die half ihr hier gar nicht. Eine erste Enttäuschung. ...

Sie schritten weiter auf dem erstaunlich breiten Kiesweg im Labyrinth. Marie überkam gleich am Beginn ihres gemeinsamen Weges eine tiefe Ungeduld und Unsicherheit. Worauf hatte sie sich da eingelassen? Wo sollte das alles hinführen? Marie zweifelte bereits nach den ersten Schritten im Labyrinth, das ihr unüberschaubar erschien. Sie blieb stehen und sah Maria Magdalena fragend an.

Diese meinte nur: „Folge mir weiter auf unserem Weg. Verzage nicht, wenn du nicht gleich erkennst. Es enthüllt sich alles am Weg, was sich für dich enthüllen soll. Lass dich nicht beirren. Mir erging es am Beginn meines Weges sehr ähnlich. Viel zu viel im Kopf, im Verstand, in der Materie, im Bekannten, im Vertrauten, im Äußeren. Doch im tiefsten, schwärzesten Moment, als ich alles Bekannte losließ, einfach sein ließ, da begannen sich neue Türen zu öffnen und ich begann zu erkennen und zu sehen."

Marie schwieg und sagte sich innerlich, dass ja dann noch Hoffnung bestünde. Sie setzten ihren Weg langsam fort.

„Wo der Geist ist, da ist der Schatz. Nicht unser Verstand, unser Geist. Unser Geist vermag eine Energie zu erzeugen, die Materie transformieren kann. Das Göttliche ist somit real. Es ist eine geistige Energie, die alles durchdringt. Erst wenn wir begreifen, dass wir als Abbild Gottes und damit Schöpfer sind, unsere Schöpfermacht in die Hand nehmen und verantwortungsvoll leben, dann begreifen wir die Potenziale und erkennen die Türen, die sich für uns öffnen. Dann erst können wir dieses Potenzial nutzen. Wenn der Unendliche nicht gewollt hätte, dass der Mensch weise ist, dann hätte er ihm nicht diese Fähigkeiten verliehen. Wenn wir lernen, unsere wahre Macht zu beherrschen, dann erschaffen und beherrschen wir unsere Realität, anstatt nur auf sie zu reagieren und ihr hinterherzulaufen."

Marie atmete nach diesen Sätzen tief durch. So viel Neues, so viel Bekanntes in einem für sie neuen Zusammenhang.

„Ja – das mag ja für dich schlüssig klingen. Doch ich brauche für mich Konkretes, Verständliches. Gib mir bitte Beispiele, damit ich auf meinem Weg auch eigene Orientierungsmarken habe," kam es noch immer ein wenig ratlos aus ihr. Ohne diese konkreten Beispiele würde sie dies niemals vermitteln können. Sie würde für Menschen in Rätseln sprechen. Gleichzeitig wusste sie, wie fordernd es ist, diese Wahrnehmungen in Worte zu fassen, die auch anderen verständlich waren.

„Hab noch ein wenig Geduld, meine Liebe. Der Weg in die Einheit durch das Labyrinth, das Wiederfinden des Symbolon, enthüllt sich nicht während der ersten Schritte. Wir alle erhielten am Anbeginn den Entwurf unseres Schicksals als Geschenk und gleichzeitig die Wahlmöglichkeit, dieses Schicksal zu erfüllen – oder auch nicht. Einen absolut freien Willen dafür gibt es nicht. Wir sind alle durch zahlreiche unbewusste alte Muster und Erinnerungen derart stark geprägt, dass nur Bewusstsein hilft, sie zu erkennen, doch nie bis ins Letzte zu erlösen. Daher geht es vielmehr darum, so viel wie möglich zu erkennen, zu wandeln und den Rest anzuerkennen und mitzunehmen. Das Bewusstsein verwandelt die Möglichkeit in Realität. Es ist der wichtigste Faktor bei der Erschaffung unseres Universums. Absicht erlernt man dabei durch Übung. Das Potenzial ist vorhanden. Es braucht Übung, Bewusstsein gezielt und zielgerichtet zu formen. Achtsamkeit kommt einer Bündelung gleich – einer bildlichen Vorstellung und einem festen Glauben. Fokussierung hingegen lässt die zahlreichen Möglichkeiten, die sich spielerisch am Weg zeigen, außer Acht. Achtsamkeit und Fokussierung sind zwei unterschiedliche Zugänge."

Marie hatte die Worte gehört. Gleichzeitig regte sich Aufbegehren in ihr. „Wenn ich nicht alles erlösen kann, was macht der Weg dann für einen Sinn? Wofür soll ich mich dann mit dem Erkennen von etwas, das ich nicht fassen kann, wie das Bewusstsein, wofür soll ich mich abmühen und auf diesem Weg mir innere und äußere Blasen holen?," fragte Marie mit dem Trotz eines kleinen Kindes, das nicht verstand und zur Langeweile neigte.

„Das ist nicht Ziel dieses Weges. Ziel ist die Erkenntnis zu dir selbst, zu deinem Schicksal, zu deinen Möglichkeiten, zu deinen Fähigkeiten, zu deinem Auftrag. Das ist das Ziel des Weges in die Einheit. Es geht nicht um Perfektionismus. Es geht um das Leben und darum, mit diesem Leben anmutig und vertrauensvoll zu tanzen, sich in seinem Rhythmus zu bewegen und gleichzeitig seinen eigenen Rhythmus zu finden und zu leben. Perfektionismus hat nichts mit Leben zu tun. Leben ist immer eine Frage der inneren Haltung und der

Sichtweise. Lass dich davon nie abhalten, den Weg der Erkenntnis zu gehen."

Marie war still geworden. Sie wollte zuhören, mit dem Herzen wollte sie zuhören, frei von Wertungen und Urteilen – auch wenn es ihr anfänglich schwer fiel. Sie atmete tief, da sie wusste, dass der Atem sie wieder in ihre Mitte, in ihr inneres Zentrum bringen würde. Schweigend gingen die beiden Frauen nebeneinander. Marie nahm die bereits grünen, hohen Hecken des Labyrinths wahr. Alles schien grün vor ihr, hoch und grün, erschreckend grün. Sie waren erst einige Schritte gegangen und Marie hatte das Gefühl, nie mehr aus diesem Labyrinth, aus diesem totalen Grün herauszufinden. Sie fühlte sich für Momente Maria Magdalena ausgeliefert. Worauf hatte sie sich da eingelassen?

Ihre Begleiterin spürte Maries Zweifel. „Marie – beruhige dich. Es gibt immer Wege aus einem Labyrinth. Immer. Wir sind am Beginn. Da mag vieles für dich ungewohnt und unklar erscheinen. Atme, atme."

Marie sog die milde Luft kraftvoll ein. Langsam schritten sie weiter. Marie hörte den Kies unter ihren Füßen leise knirschen. Sie tat sich schwer, sich zu beruhigen. Ihr Herz machte Bocksprünge. Ihr Atem kam gelegentlich stoßweise. Ganz wohl war ihr nicht zumute. Worauf hatte sie sich da eingelassen, fragte sie sich unablässig wie ein inneres Uhrwerk. Marie schien plötzlich kalte Füße zu bekommen, jetzt, wo sich ein großer Wunsch erfüllte. Paradox – und doch sehr menschlich. Das alles im Vorhinein Wissenwollen, das hatte hier keinen Raum. Es wurde ihr zum inneren Hindernis. Marie rang mit sich in diesen ersten Schritten. Sie hatte Angst – jetzt an der Schwelle der Erfüllung eines ihrer großen Wünsche. Nichts erschien ihr klar. So viel zeigte sich und sie konnte es nicht ihr Bekanntem zuordnen. Sie fühlte sich innerlich blind, nein, innerlich orientierungslos, ein wenig ausgeliefert, nicht wissend, ohnmächtig. Nichts, was sie kannte, half ihr hier. Wer Augen hat, zu sehen – ja, das erhielt in diesen Momenten eine völlig neue Bedeutung für Marie. War es so schwer, den Tanz mit dem Leben zu erlernen?

Vor ihnen erschien an der Biegung zwischen zwei Hecken eine schöne Steinbank. Maria Magdalena lud Marie ein, Platz zu nehmen. „Wir müssen nicht durchlaufen. Wir haben alle Zeit der Welt. Du sollst den Weg in die Einheit erkennen und auch gehen. In deiner Weise, in deinem Tempo. Daran musst du dich in deinem ganzen Sein erst gewöhnen. Es ist ein sich Finden. Das braucht auch Zeit und Geduld. Vertraue mir und nimm doch Platz."

Marie war irgendwie erschöpft, erschlagen von der ganzen Situation, ratlos und ein wenig blind. „Dann hilf mir zu erkennen. Was geschieht aus dem ewigen Bewusstsein, aus diesem nebeligen Nichts heraus, aus dem *Circumpunkt*, aus dem Punkt, der von einem Kreis umgeben ist?"

„Du meinst Konkretes?"

„Ja – ich kann mir nichts vorstellen."

„Du sollst dir auch nichts Konkretes vorstellen. Aus dem ewigen Bewusstsein, der Quelle höchster Kreativität zeigt sich zuerst der Geist. Er ist nicht wichtiger als die Materie, doch er ist zuerst da. Materie entsteht durch die Verdichtung von Leere. Sie ist die niedrigste Bewusstseinsstufe. Lass mich ein wenig ausholen, damit du leichter verstehst.

Der Begriff *Nous* deutet sehr schön an, worum es in der Essenz der Betrachtung geht. Er bezeichnet das menschliche Vermögen, etwas geistig zu erfassen. Außerdem wird der Begriff auch als alles lenkendes kosmisches Prinzip verstanden. Auch er steht nicht für sich alleine. Er ist dem Menschen innewohnend, zum Beispiel als Intuition, als Beeinflussung dessen, was er wahrnimmt, als Inspiration und als Imagination. Wie du weißt, kannst du nur etwas wahrnehmen, das du als solches kennst. Du kannst also diese Bank, auf der wir sitzen, nur dann als Bank wahrnehmen, wenn du sie als solche kennst. Bewusstsein hat demnach die Macht, die Welt, die uns umgibt, zu beeinflussen und damit auch zu verändern. Dies bedeutet letztlich, dass du als Mensch nicht das arme, hilflose Geschöpf bist, das keinen Einfluss als getrenntes Wesen hat. Vielmehr bist du als Mensch Mitschöpferin und damit in voller Mitverantwortung in Verbindung mit allem was ist. Der Mensch kennt jedoch nur sehr wenig von den Naturgesetzen und den Kräften, die über diese Gesetze wirken. Das Göttliche offenbart sich in der Materie. Doch wirken in der Materie andere Naturgesetze als in der geistigen und der seelischen Welt. So gilt: solange die materielle Welt existiert, sind Bewegung und Veränderung ihre Gesetze. Daraus ergibt sich eine dauerhafte Unruhe. Die kannst du nicht wegmachen. Sie ist in der Natur der materiellen Welt eingraviert."

Marie fühlte erstmals Boden unter ihren Füßen. Schemen tauchten vor ihrem geistigen Auge auf. Es war, als ob sie eine Decke erstmals an einer Ecke anhob. Sie sah zwar nicht, was darunter war. Doch sie wusste, dass etwas darunter war.

„Heißt das, dass aus dem Bewusstsein Geist vorhanden ist, der hilft, etwas über den Menschen zu erschaffen und in die Materie zu bringen?"

„Genauso ist es. Unser lebendiges Bewusstsein, unsere Rolle als teilnehmender Beobachter, der Vorgänge beeinflusst und Dinge ins Sein manifestiert, ist richtungsweisend. Die Macht der Absicht eines jeden einzelnen ist genauso wahr, wie auch das Wissen der dir bekannten Meister. Sie mögen unterschiedliche Techniken benutzen, so bleibt doch allen etwas gemeinsam. Der Mensch ist Schöpferin und Schöpfer von Materie. Wenn du erkennst, was sich in deinem

Blickfeld befindet, dann wird das dir scheinbar Verborgene offensichtlich werden. Geist kann man nicht tun, sondern Geist kann man nur sein. Der Mensch selbst ist immer die Kraftquelle seines Seins. Nicht irgendwer und irgendwas im Äußeren. Das ist wieder einmal die berühmte Trennung, die große Fiktion unseres Seins."

Marie hatte aufmerksam zugehört. Etwas geriet in ihr in Bewegung. „Heißt das, dass ich mit meinem Bewusstsein, konkret mit meiner Klarheit und Absicht, meiner Bedeutungszuschreibung und meiner Entscheidung etwas gestalten kann und damit aus meinem Geist heraus Materie erschaffen kann?"

„Die innere Klarheit und Absicht," so Maria Magdalena weiter mit leiser Stimme, „sind beides Ausdruck von Bewusstsein und Erkenntnis. Sie sind, gemeinsam mit der Entscheidung, starke Treiber dafür, dass etwas in Erscheinung treten kann. Klarheit und Absicht, kombiniert mit der bewussten Entscheidung – das sind sehr gute Voraussetzungen, dass etwas, das du dir wünschst, in Erscheinung in deinem Leben treten kann. Es sind jedoch nicht nur die Gedanken, die zur Schöpfung von Materie führen. Es ist vor allem deine Grunddisposition, mit der du das Leben betreten hast. Die kann – vereinfacht – Liebe oder Angst heißen. Alles andere leitet sich davon ab. Willst du also etwas verändern, dann musst du zur Quelle des Seins, zum ‚großen Beginn' gehen und dort sehen, in welchen

Fluss du bei deiner Geburt bewusst und unbewusst gestiegen bist. Gehe noch weiter zurück zum Anbeginn des Menschseins, zur Trennung vom Göttlichen. Dann bist du insgesamt richtig. Dort stelle die Verbindung in deinem Inneren wieder her. Auch das ist ein Erkenntnisprozess mit einer bewussten Entscheidung. Du kannst zudem diesen Fluss, in den du unbewusst bei deiner Geburt in dieses Leben stiegst, jederzeit wechseln. Das ist alles eine Frage von Bewusstsein. Wer nicht entsprechend bewusst ist, erkennt das hohe Wissen nicht. Wenn du es ihm gibst, kann er damit nicht umgehen. Es ist wie Perlen vor die Säue werfen. Zudem ist es gefährlich, weil der Unbewusste nicht abschätzen kann, was er mit dem hohen Wissen anrichten kann. Für die unwissende Masse bleibt das hohe Wissen immer unverständlich. In uneingeweihten, unbewussten Händen bringen die wiederentdeckten Wahrheiten Unheil. Symbole dabei zu verwenden und Zauberworte nachzuahmen, sind kraft- und wirkungslos. Es sind leere Zeichen einer einst kraftvollen und machtvollen Quelle. Schweigen ist daher oft die beste Antwort. Das Geheimnis von Leben und Tod – lächle und schweige."

Marie atmete wieder durch. Sie war bereits etwas erschöpft vom Gehörten. So viel Unfassbares. Sie dachte immer wieder, wie sie all das Gehörte anderen Menschen vermitteln konnte. „Das klingt illusorisch und magisch zugleich. Wie kann ich das tun?"

„Sehr einfach. Erkenne deine göttlichen Fähigkeiten in dir. In der tiefen Wahrheit gibt es keine Trennung von der Quelle. Die Trennung erfolgte auf einer ganz anderen Ebene. Die Seele will Erfahrungen machen. Das ist nur über eine Trennung möglich. Doch so paradox es ist – gleichzeitig bleibst du immer mit der Quelle verbunden. Das mache dir innerlich immer gewahr. Es mag für den Verstand ein Widerspruch sein, doch auf höherer Ebene ist dies kein Widerspruch. Verbinde daher Talent mit Disziplin und Hingabe – das ist wahre Kunst. Werde Künstlerin in der wahren Kunst – der kunstlosen Kunst. Indem du in deinen Heiligen Raum gehst, in deinen ureigenen Quantenraum des Bewusstseins und dir zeigen lässt, wo du am Anbeginn eingestiegen bist, machst du deine ersten Schritte. Danach wechselst du den Fluss, der für dich stimmiger ist: Liebe oder Angst. Mache es so, als ob du ein Fortbewegungsmittel wechselst."

„Das klingt mir zu einfach."

„Du kannst alles kompliziert haben – doch die tiefen Wahrheiten sind einfach. Vielleicht übst du diesen Wechsel einige Male und dann hat sich auch dein Unterbewusstsein auf den neuen Fluss eingestellt. Und im Alltag magst du immer wieder in Situationen geraten, die dir zeigen, dass du zumindest auf den alten Fluss hinblickst. Dann mach dir das bewusst. Sag danke für die Erkenntnis, sei bewusst in deinem neuen Fluss und lasse dich von ihm weitertragen."

Marie ließ das Gesagte in ihr wirken. Es erschien ihr noch immer zu einfach. Doch sie war bereit, es aufzunehmen und weiter wirken zu lassen.

„Du sagtest, der Geist kommt aus dem Bewusstsein, ist so etwas wie Intuition, Erfassungsvermögen, eine Art von Erkenntnisfähigkeit. Was ist nun Materie?"

„Materie ist verdichtete Energie und Schwingung. Da alles auf der kleinsten Ebene immer in Bewegung ist, lösen sich die Verdichtungszustände immer wieder. Daher löst sich Materie immer wieder. Es ist ein dauerndes Werden und Vergehen. Leben und Tod gehören daher untrennbar zusammen. Die Polarität ist das Wesen unseres Seins als Mensch. Es ist ein dauerndes und unaufhörliches Streben nach Ganzheit und nach Einheit. Die äußere Form, dein Körper ist nur die Hülle für dein inneres Wesen. Kennst du dein inneres Wesen, dann ist deine äußere Form dir Hilfe. Doch du bist damit nicht identifiziert. Dein Körper ist dein Kleid, doch du bist nicht das Kleid. Die Materie kann daher nur einseitig sein. Die Einseitigkeit, die Un-Ganzheit, die Trennung entsprechen dem Wesen von Materie. Wenn sich beide Seiten vereinen, dann kommt es zur Entkörperung und zum Aufgehen im Geist. Dematerialisierung ist die Folge von Vereinigung. Die ganze Natur offenbart uns den Kreislauf aus Leben und Tod. Der Tod ist die andere Seite von Leben. Du erkennst etwas nur, weil es getrennt ist. Das Herausfallen aus der Einheit ermöglicht erst Erkennen. Erkenntnis ergibt sich also aus dem Vergleich von zwei getrennten Seiten. So ist die Trennung eine Voraussetzung für Erkenntnis. Gott kannst du nie erkennen, weil er immer Einheit ist. Gott kannst du nur sein. Solange du im Äußeren suchst, bist Du in der Trennung. Du wirst nichts finden, das dich ganz macht und in die Einheit führt. In der Materie findest du nie die Ganzheit. Es ist das Wesen von Materie, die Trennung zu sein. Nur über die Trennung lässt sich die Verdichtung von Leere als Materie erfahren. Ohne Unterscheidungsvermögen für diese Grundzusammenhänge bist du daher für den *Großen Plan* unbrauchbar."

Maria Magdalena hielt kurz inne und blickt Marie an. Hatte sie erfasst, nein – nicht verstanden – hatte sie das Gesagte erfasst? War Maria Magdalena klar genug in ihren Ausführungen?

„Die Polarität, das Werden und Vergehen ist mir sehr vertraut," meinte Marie. „Das ist ja mein tägliches Leben. Damit kann ich etwas anfangen. Das ist fassbar für mich. Tag und Nacht, kalt und warm, Liebe und Angst, Licht und Schatten." Endlich wurde es konkret für Marie. Sie schöpfte Hoffnung, wieder mit ihrem klugen Verstand dabei sein zu können.

„Nun denn. Ich will fortfahren. Alles ist mit allem verbunden. Nichts existiert an sich, sondern ist immer in Beziehung gesetzt. Wir leben in einem Netz aus Beziehungen. Wenn wir wachsen, so kehren wir –

scheinbar – an den gleichen Ort zurück, doch wir sind ein Stück weit gewachsen. Stelle dir eine Spirale vor. Sie macht Leben, Wachstum und Entfaltung am besten deutlich. Wir sind dabei in einem Raum außerhalb der Zeit. Formloses und Formseiendes hängt also untrennbar zusammen. Trennung ist Ausdruck der Seele, weil sie Erfahrungen sammeln will. Trennung an sich gibt es nicht. Sie ist letztlich menschengemacht. Sie ist nicht gut und nicht schlecht. Sie ist. Ohne Trennung könnte sich die Seele nicht erfahren. Liebe das Leben. Es ist Ausdruck des Göttlichen in seiner unendlichen Vielfalt. Schätze das Leben als Ausdruck des ewigen Seins. Das irdische Leben, die Materie ist eine Reise zwischen der Geburt und dem Tod des Körpers und den verschiedenen Selbsten in jedem Lebewesen. Du musst dabei in die Trennung gehen, denn ohne Widerstand ist keine Schöpfung möglich.

Wesentlich ist, wie du die Trennung empfindest, wie du mit ihr umgehst und wie du den Weg zurück in die Einheit gehst. In der Einheit kannst du nichts als Seele erfahren. Da bist du schlicht, im Federbett des Seins. Doch irgendwann ist das auch langweilig. Dann bricht die Seele durch und will sich erfahren. Dies ist eben nur in der Lösung, in der Trennung möglich. Wenn der Mensch dabei Schmerz und Leid empfindet, dann ist es Ausdruck von Vorstellungen, die krank sind. Es ist Mangel an Imagination, weil die vom Menschen verwendete Vorstellung schlicht krank ist. D.h. bereits das Formlose ist krank. Daher muss auch das Formseiende krank sein. Die kranken Vorstellungen sind zur zweiten Natur geworden und zeigen sich im Äußeren. Das Relative wird zum Absoluten gemacht und das Absolute zum Relativen. Damit sind Verstand und Gefühl krank und das Herz kann sich nicht finden. Die Seele hängt jedoch nur ganz wenig vom körperlichen Sein ab."

Marie begriff das erste Mal im Ansatz, dass dieser Weg in die Einheit eine ziemliche Herausforderung war. Sie musste alles, was ihr so vertraut war, hinterfragen und gegebenenfalls über Bord werfen. Sie musste alle bekannten Rucksäcke ausräumen und sehen, was sie davon tatsächlich noch brauchte, geschweige denn mitnehmen wollte. Sie atmete wieder tief durch.

„Das heißt, es gibt gar keine Trennung in Geist und Materie? Warum machen wir uns dann auf diesen Weg? Ist alles nur eine Illusion?"

„Ja und nein – es ist eine Illusion, wenn du in deinen alten, auf negativen, traumatischen Trennungen basierten Kategorien denkst und die Wahrnehmung mit dem Herzen beiseitelässt bzw. ihr zu wenig Raum gibst. Dann bleibst du in der dir so bekannten alten Trennung hängen. Dort ist Mangel, dort ist Traurigkeit, Hoffnungslosigkeit, Schmerz. Doch das Polare ist das Wesen des Menschen. Wie er damit umgeht, ist eine Frage seiner Erkenntnisfähigkeit und damit seines Bewusstseins. Das Wesen der Materie ist Mangel, was vorerst schlicht ist. Wenn wir uns jedoch mit der Materie identifizieren und sie zu unserem Gott machen, dann tritt Leid ein. Wenn du deine Wohnung bist, deine Arbeit bist, deine Kleidung bist, dann beschwerst du dich und dein Sein. Reichtum ohne Weisheit endet oft im Unglück. Frage dich immer wieder ‚Bringt mir mein Tun etwas oder entfernt es mich von meinem Sein?' ‚Ist das Tun Ausdruck von Entfernung, Unterdrückung, Vergessen und Verfaulung?' All das lässt sich über das Bewusstsein erkennen. Es geht um einen Akt der Präsenz, des Gewahrseins. Unwissenheit, Unbewusstheit und Identifikation hindern dich am stärksten an einem geglückten und erfüllten Leben. Identifikation ist reines Habenwollen. Du darfst alles und musst gleichzeitig gar nichts. Du fällst aus der Harmonie, wenn über einen längeren Zeitraum ein Pol bevorzugt wird. Dann kommt die Angst, den anderen Pol zu lange vernachlässigt zu haben. Du flüchtest in den dir bekannten Pol und stellst den anderen ins Dunkel. So lange, bis er aus dem Dunkel herausbrüllt und der andere Pol völlig überfordert ist.

Hinter allen materiellen Erscheinungen in deiner sichtbaren Welt verbirgt sich die Urkraft des Seines. Es geht immer um das Streben nach dem Zurück in die Einheit. Zwei einander ergänzende Kräfte manifestieren durch Anziehung diese Einheit. In der Materie zeigt sie sich zeitweilig. Im Gefühl zeigt sie sich zeitweilig. Es ist dieses immanente, dauernde Streben, in diese Einheit zu gelangen. Geist ist das Leben. Die

Materie ist Widerstand. Beides ist wichtig. Beides ist Teil der Schöpfung. Der Geist strahlt Selbstlosigkeit und Geben aus. Die Materie steht fürs Nehmen, fürs Zusammenziehen, für Dichte."

Marie erkannte umgehend einige Beispiele aus ihrem Leben, wo Maria Magdalena lauter Treffer im Schwarzen landete. Wie oft war sie mit übermäßiger Arbeit, mit Diäten, mit totaler Zurückgezogenheit etc. aus der eigenen Harmonie gefallen? Jede Übertreibung führt zu einem Herausfallen aus der Harmonie.

„Es geht letztlich um das bewusste Erkennen des Formlosen und des Formseienden und um die Harmonie zwischen beiden. Das ist die Grundbedingung und Ausgangsposition für den Weg in die Einheit. Es geht ausdrücklich nicht darum, sich selbst zu geißeln, zu bestrafen, zu verdammen. Nein – das ist völlig verkehrt. Keiner will das von dir. Erkenne, sei bewusst und verändere. Es geht dabei um eine ganzhafte Einheit, die in den inneren Frieden und die Integrität führt. Du als Mensch bist eine Brücke, ein Teil eines längeren Weges. Wer geht, ist gesund und glücklich. Es ist die Bewegung, die Entfaltung ermöglicht. Es gibt eine Straße, doch zahlreiche Wege. Damit gibst du deinem Urwunsch des Menschen nach - die Allverbundenheit, die Rückkehr in die Verbundenheit mit dem Universum."

Als Marie vor allem den letzten Worten lauschte, durchrieselte sie ein warmer Schauer. Ja – es ist diese

Rückkehr nach Hause, in die innere Einheit. Sie wusste, dass sie den Weg weitergehen wollte. Sie wollte noch mehr erkennen, denn sie wusste, dass diese Erkenntnisse ihr erst den Weg zeigen würden. Einmal nach Hause kommen, um wieder weggehen zu können ... und wieder nach Hause kommen ... und so weiter ... im endlosen Sein.

„Ich schenke dir fünf Zeichen, die dir auf deinem Weg helfen. Die *Krone* für die Königin, die du werden kannst, wenn du nur willst. Den *Stern* für den Himmel, der deine Bestimmung festgelegt hat. Die *Sonne* für die Erleuchtung deiner Seele. Die *Laterne* für das Licht menschlichen Begreifens. Den *Schlüssel* für das fehlende Teil.

Zudem will ich dir fünf Leitlinien mitgeben. Weißt du nicht, dass du eine Göttin bist! Du bist eine Göttin! Gott schuf dich als Mensch nach seinem Abbild. Das Königreich liegt in dir. Erkenne dich selbst.

Der einzige Unterschied zwischen Gott und dir als Mensch ist der, dass du als Mensch vergessen hast, dass du göttlich bist. Mit dieser Erkenntnis darfst du achtsam und bewusst umgehen."

Marie hatte aufmerksam zugehört. So viele Botschaften, so viel Erkenntnisse gleich auf der ersten Etappe ihres gemeinsamen Weges. Ihr wurde bewusst, dass sie sich eine höchst anspruchsvolle Führerin auf ihrem Weg ausgesucht hatte. Doch Marie war auf ihrem

Weg bereits so weit vorangekommen, dass sie diese Herausforderung gerne annahm.

Wenn sie die Erkenntnisse dieses ersten Abschnitts durch das Labyrinth zusammenfasst, dann ...

Der Circumpunkt unseres Seins als Menschen ist ewiges Bewusstsein. Nenne es Gott, nenne es Universum, nenne es Energie in Bewegung. Es ist gleich-gültig. Aus diesem Circumpunkt entsteht Geist. Er erschafft Materie, die nichts anderes als verdichtete Energie ist. Es ist ein laufendes sich Bewegen, das unsere Realität entstehen lässt. Der Mensch ist dabei die Brücke.

∞

2. Geben und Nehmen: Was ist seliger?

∞

Die beiden Frauen machten sich weiter auf in die nächste Etappe im Labyrinth. Still gingen sie einige Schritte nebeneinander, jede bei sich in Gedanken. Mittlerweile hatte sich Marie an die Heckengassen gewöhnt. Sie empfand sie nicht mehr als derart beengend wie am Beginn, wo sie zwischendurch meinte, in dem Heckengewirr verloren zu gehen. Wie viel Zeit war seit ihren ersten Schritten vergangen? Marie hatte jegliches Zeitgefühl verloren. Doch das empfand sie nicht als unangenehm. Sie war präsent. Sie waren offen. Sie war neugierig. Die erste Etappe hatte ihr einiges enthüllt, das sehr grundsätzlich war. Manches davon hatte sie noch nicht erfassen können, doch sie war guten Mutes, dass im Zentrum des Labyrinths alle offenen Fragen für sie verständlich beantwortet würden.

Nun wollte Marie etwas sehr Konkretes wissen. „Erzähle mir etwas über das Geben und Nehmen. Was ist wichtiger?," fragte sie Maria Magdalena.

Ihre Begleiterin atmete tief durch. Das machte sie immer, wenn sie sich sammelte und sich auf ihr Inneres voll und ganz fokussierte.

„Es ist wohl eines der größten Missverständnisse des Menschen, etwas in Konkurrenz zu setzen, zu bewerten und zu verurteilen. Sieh mal … Es muss beides da sein, das Empfangend-Aufnehmende und das Gebend-Verströmende. Es ist das Halten und das Hineinlegen, das Aufnehmen und das Hineingeben, die Struktur und Inhalt geben.

Was für einen Sinn hätte ein Glas ohne Wasser? Was sollte ein Teller ohne Essen? Wenn du gibst und hast niemanden, der nimmt, welchen Wert hat dann dein Geben? Wenn jedoch nur genommen wird und keiner gibt, so endet diese Einbahnstraße auch bald. Beides ist wichtig. Beides soll sein. Beides sollst du kennen. Es gibt kein Besser und kein Schlechter. Beides ist gleich wichtig – keines ist seliger, wie ihr so schön im Dahersagen formuliert. Beides, ja – beides muss da sein. Dann kannst du damit umgehen, spielen und beides fließen lassen," erläuterte Maria Magdalena fast ein wenig erregt, weil ihr Fühlen, Denken und Handeln von einer ‚Sowohl-als-auch-Haltung' zutiefst geprägt war. Sie liebte beides und wusste, dass nur so Ausgleich in ihr und in ihrem Umfeld entstehen konnte. Eines machte den Anfang, gibt den Impuls. Es konnte eine Bitte ebenso sein wie eine Gabe. Es war jedoch gleichgültig, wer diesen Anfang machte.

„Du musst folgendes erkennen: Zu empfangen bedingt, in der Ruhe und im Sein-Warten zu sein. Nehmen zu können, ist somit die Voraussetzung, um überhaupt etwas tun zu können. Das scheinbar Passive ist die Voraussetzung für das Aktive. Die Überlegung und Betrachtung führen letztlich zu Taten, zu Aktionen, die wiederum etwas auslösen wie z.B. das Geben. Es geht dabei darum, fürs Erste nichts zu tun und zu drehen. Es ist eine herausfordernde Übung, einfach nur da zu sein. Vor allem gilt dies für deine Welt, die vom Tun lebt und das Tun zur Königsdisziplin erhoben hat.

Gleichzeitig gilt - gebend zu sein, heißt frei zu verströmen, ohne Erwartungshaltung, vor allem frei von Erwartung auf eine Gegenleistung. Es ist ein anspruchsloses Geben, das seine Befriedigung aus dem Akt des Gebens zieht. Der König des Tuns ist jedoch mittlerweile vollkommen ausgelaugt und überfordert. Und die Königin des Seins weiß nicht so recht, was sie mit sich anfangen soll, war sie doch über Jahre eine Königin im Tun. Sie hat das Sein verlernt und definiert sich über das Tun. So sind beide verwirrt, erschöpft und planlos.

Die Hilfe, das Geben, das auch du suchst, findest du in dir selbst. Da der Großteil der Menschen auf Nehmen, auf Hilfe vom Äußeren ausgerichtet ist, kommt es zu gar keiner Hilfe. Es ist wie eine Einbahnstraße. Es fließt in eine Richtung. Doch es gibt keinen Austausch. Es muss jedoch in beide Richtungen fließen. Dann kann Ausgleich stattfinden."

Marie schritt schweigend neben Maria Magdalena her. Sie ließ das Gesagte auf sich wirken. Sie war betroffen von den Worten, von der Eindringlichkeit und Deutlichkeit, mit der sie gesprochen wurden. An einen Widerspruch war nicht zu denken. Doch in ihr herrschte ein großer Widerstreit, denn sie erkannte - sie, die immer viel zu viel gegeben hatte, musste sich nach ihrer Motivation dafür fragen. Hatte sie absichtslos gegeben? Was heißt überhaupt ‚absichtslos'? Was war die Grundmotivation für ihr Geben? Wahrscheinlich wollte sie unbewusst schon etwas bekommen haben, bevor sie etwas gegeben hatte. Ehrlichkeit ist angesagt, Wahrhaftigkeit ... Es rumorte in Marie.

Stille legte sich zwischen die beiden Frauen, während sie langsam weitergingen. Es war eine Stille, aus der wiederum etwas Neues entstehen konnte. Marie merkte, dass diese Phasen der Stille, des Nicht-Sprechens wesentlich für sie beide waren. Marie konnte aufnehmen und verarbeiten, was sie gehört hatte. Ihre Begleiterin brauchte diese Stille, um sich zu sammeln und sich auf ihre nächsten Gedanken vorzubereiten.

Marie war auch ein wenig verlegen nach den Worten. Sie hallten in ihr nach ... Königin im Tun, die das Sein verlernt hat ... das tat Marie weh, denn es traf, bei aller wundervollen Entwicklung, die sie gemacht hatte, noch immer den Nagel auf den Kopf. Sie tat noch immer zu viel. Ja, gelegentlich gelang ihr der Ausgleich, doch nur dann, wenn sie bewusst war. Wenn nicht, dann riss wieder der alte Schlendrian ein. Irgendwann fühlte sie sich erschöpft, wurde wütend über die sogenannte Undankbarkeit der ihr Zugeneigten und zog sich schmollend zurück. Sie hatten schlicht nicht so reagiert wie sie es erwartet hatte. Beleidigt sein wie ein Kind, das konnte Marie nach wie vor ganz gut … Diesen Fluss kannte sie zur Genüge. Hier gab es nichts mehr zu erkunden. Diesen Kreislauf wollte sie nachhaltig wandeln.

„Was hat es mit dieser Grundmotivation auf sich? Erkläre mir dies bitte. Ich will besser verstehen und fühlen, um zu verändern," fragte sie nach einiger Zeit der Stille zögerlich.

„Es reicht eben nicht aus, zuerst zu geben, gedankenlos und – scheinbar - absichtslos. Du musst dich immer nach deiner Grundmotivation fragen. Warum gibst du? Willst du unbewusst, versteckt – doch zuerst bekommen? Frage dich nach der Urabsicht deines Gebens. Frage dich, in welchem Fluss du bislang schwammst und ob du noch verbleiben willst," entgegnete Maria Magdalena. Sie setzte damit noch tiefer an, an der Wurzel. Denn hier lag die Lösung für das so sehr immer wieder vom Menschen angestrebte Gleichgewicht. Auch wenn es viele unbewusst anstrebten.

„Damit sind wir weg von der Oberfläche, von Ratgebereien. Sie sagen so leicht dahin – gib zuerst aus der

Fülle heraus, dann bekommst du schon. Du musst nur oft genug geben und lang genug warten," meinte Marie.

Maria Magdalena blieb stehen und fasste Marie am Ellbogen. Es war wieder dieser spezielle Schauer, der dabei durch Maries Körper floss. Er war sanft, warm, geborgen. Ja – hier war sie im Moment richtig. Ja – hier konnte sie Grundsätzliches lernen. Sie fühlte nach und ließ die Energien, die von Maria Magdalenas Berührung ausgingen, in sich nachschwingen.

„Marie," – diese erschrak, weil Maria Magdalena sie erstmals mit dem Namen ansprach – „Marie – ändere dein Denken vollkommen. Wenn du an der Oberfläche bleibst, kann nichts Wurzeln schlagen. Es kann sich nichts nachhaltig verwurzeln. Nichts kann auch einen Sturm und ein Gewitter überdauern. Es geht beim Geben und Nehmen um die Tiefe deines Seins. Frage dich immer und immer wieder – warum will ich geben? – warum?"

Marie schluckte. Sie war noch ganz von dieser sanften Energie und dem Klang ihres Namens aus dem Mund dieser Frau eingenommen. Was hatte sie ihr gesagt? Oberfläche, verwurzeln, Tiefe des Seins ... warum gebe ich? ...

Schweigen zwischen den beiden Frauen, Ruhe, Stille, Nachschwingen ... Marie fühlte sich fast ein wenig bedrängt von der Deutlichkeit dieser Worte. Warum gebe ich aus der Tiefe meines Herzens? ...

„Wenn ich ehrlich bin – ich gebe noch immer wieder und wieder, weil ich geliebt werden will," kam es stoßweise und gepresst nach einiger Zeit aus ihr. Sie atmete hörbar aus, nachdem sie diesen Satz gesagt hatte. Stille. Namenlose Stille folgte für einige Zeit.

„Das ist ehrlich und menschlich. Doch damit wirst du als erwachsene Frau immer wieder enttäuscht werden, weil du im Kindlichen verblieben bist," meinte Maria Magdalena mitfühlend. „Die Enttäuschung ist dabei vorprogrammiert. Du kaufst sie dir vom ersten Moment an mit ein. Ja – es ist gar nicht anders möglich. Doch, ich will dir sagen, dass mich deine Ehrlichkeit berührt und sie sollte auch dich berühren."

Warum sollte Maria Magdalena ihre Ehrlichkeit berühren? Marie war wieder ein wenig ratlos.

„Du willst doch das Wesen von wahrhaftem Geben und Nehmen kennenlernen und leben? Du willst zum Kern vordringen und nicht lustlos und enttäuscht an der Oberfläche herumschwimmen? Dann stelle dich deiner Motivation und verändere sie. Verändere sie zum Beispiel, indem du aus der Freude, aus der Liebe im besten Sinn des Wortes heraus gibst. Du hast doch schon alles, wonach du dich im Äußeren sehnst. Es ist alles vorhanden – in dir. Sieh hin. Sieh endlich einmal hin. Wie kann etwas göttlich Geschaffenes unvollkommen sein?! Das ist nicht möglich. Das ist der große menschliche Trugschluss. Die Urwunde. Die Urtrennung. Die Wurzel von Leid," entgegnete Maria Magdalena leidenschaftlich.

Marie hörte aufmerksam zu und wartete, dass ihre Begleiterin die Gedanken fortsetzte.

„Nun wirst du berechtigt fragen, wie das gehen soll. Bewusstsein, Achtsamkeit, innehalten vor dem Geben, überprüfen, was das Herz sagt. Geh dort hin und lausche, fühle, nimm wahr wie ein Kind und lebe wie eine Erwachsene."

Marie war ein wenig beschämt, denn Maria Magdalena hatte erkannt, dass Marie immer wieder einem unbewussten Fehler aufsaß und sich dann nach einiger Zeit enttäuscht zurückzog. Sie ließ die Worte wieder auf sich und in sich wirken. Natürlich wusste sie, dass Maria Magdalena richtig lag. Doch wie konnte Marie ihre tiefste Motivation wandeln? „Erzähle mir doch mehr über die verschiedenen Grundmotivationen. Ich will dazu mehr wissen, weil ich fühle, dass sie sehr vielschichtig sind. Ich will sie kennenlernen, um meine Urmotivation herauszufinden und sie zu wandeln."

Maria Magdalena freute sich über Maries Bereitschaft, hinzusehen, in ihr Herz und in ihr Sein.

„Es gibt zwei große Grundmotive: Liebe und Angst. Nicht mehr, nicht weniger. Wo ist Liebe ist, kann Angst nicht sein und umgekehrt. Doch die Liebe hat immer den längeren Atem und die stärkere Kraft. Sie ist nicht besser als die Angst. Sie ist anders. Begreife das und du kannst den nächsten Schritt tun."

Marie hatte so viel von diesem Paar gehört. Sie hatte viel in ihrem Leben in die Liebe gebracht und betrachtete es mit den Augen der Liebe. Doch es gab immer wieder Momente der Angst, des Zweifels, der Ungläubigkeit, des in Frage stellen. Es fehlte ihr da und dort an dem unbedingten Erkennen und Glauben, dass ihr Weg der für sie richtige Weg ist. Doch sie verurteilte sich dafür nicht mehr. Sie erkannte und ging weiter – auf ihrem Weg. Mit diesem Wissen konnte sie achtsamer sein. Sie konnte fühlen, in welchem Fluss sie sich gerade befand.

Die beiden Frauen gingen in großer Stille nebeneinander. Maria Magdalena war bewusst, dass sie in ein ‚inneres Wespennest' mit der Frage nach der Grundmotivation und den Wurzeln dazu gestochen hatte. Sie wusste, dass Marie sehr weit auf ihrem persönlichen Weg gegangen war. Sie wusste, dass Marie nun bereit war, ihrer Grundmotivation ‚in die Augen zu sehen'. Dies konnte sie für sich tun. Es reichte der Anstoß. Sie war erfahren genug, um dies mit sich zu klären.

Maria Magdalena setzte ihre Gedanken fort und ging tiefer: „Erkenne im nächsten Schritt den Unterschied von Geben und Nehmen zwischen Eltern und Kindern. Und dann sieh dir den Unterschied dazu in Beziehungen an. Es ist wichtig, dass du das erkennst, denn hierin liegen viele Fallstricke.

Zum ersten - Eltern geben immer und Kinder nehmen immer. Das ist ein Prinzip. Eltern geben den Kindern das Kostbarste, das Leben. Kinder nehmen dieses Leben. Es gibt keine Umkehrung des Prinzips. Wann immer dies geschieht, kommt das Ganze aus der Balance. Es kommt zu Verknotungen, die oft schwer aufzulösen sind.

Zudem geben Eltern den Kindern Nahrung, Kleidung, ein Zuhause, eine Schul- und Ausbildung und oft sogar noch direkt spürbare Liebe und Geborgenheit. Eltern geben immer ihr Bestes. Sie machen es so gut sie können, wie sie es gelernt haben. Was sie nicht gelernt haben, können sie nicht weitergeben. Das als Kind zu akzeptieren, ist oft sehr schwer, weil sich Kinder immer wieder mehr und anderes von ihren Eltern wünschen. Für die meisten Kinder ist es ausreichend, was sie bekommen haben und sie nehmen später ihr eigenes Leben in die Hand und geben es ihren Kindern weiter. Der Fluss der Liebe zwischen Eltern und Kind geht nur in eine Richtung: Er fließt von den Eltern zu den Kindern. Ein Leben lang. Nur manchmal im Alter geben die Kinder den Eltern durch die Übernahme der Pflege ein bisschen von dem zurück, was sie einmal bekommen haben. Doch das reicht in der Regel lange nicht zu einem vollständigen Ausgleich. Und so soll es auch sein."

Marie hörte diese Gedanken, die ihr wohlvertraut waren. Und doch war es gut, dass sie sie wieder aus dem Munde von Maria Magdalena, einer Berufenen, hörte. Sie bekamen dadurch noch mehr Gewicht und Bedeutung für Marie.

Marie blickte Maria Magdalena lächelnd an. Diese begriff das Lächeln als kleine Aufforderung, mit ihren Gedanken fortzusetzen. Sie atmete durch und bat Marie, sich wieder auf eine der schönen Steinbänke hinzusetzen. Marie folgte ihr vertrauensvoll. Die Angst und die Ungeduld waren einer Neugierde gewichen. Sie konnte plötzlich zuhören. Die beiden Frauen setzten sich und genossen einige Momente der Stille, bevor Maria Magdalena ihre Gedanken fortsetzte.

„Ist der Fluss der Liebe von Eltern zum Kind unterbrochen, so ist das wie ein großer Felsbrocken im Fluss. Das Wasser fließt herum, man arrangiert sich einige Zeit und dann taucht das Gefühl auf, dass irgendetwas da ist, was den Fluss behindert. Dieses Gefühl wirkt sich für das Kind im gesamten Erwachsenenleben aus, im Beruf, in Beziehungen. Besonders schwierig wird es für das Leben, wenn ein Kind nicht genommen hat, was die Eltern zu geben hatten und es deswegen mit seinem Leben und seinem Schicksal unversöhnt bleibt. Es bleibt im Mangel. Geben und Nehmen sind unausgeglichen. Das Leben kann sich bemühen wie es will, der Mangel bleibt."

Marie erkannte auch für sich das eine und andere Vertraute. Sie war ihren irdischen Eltern mittlerweile dankbar, weil sie erkannt hatte, dass sie immer ihr Bestes für sie gegeben hatten und auch heute noch geben. Sie war glücklich, weil sie liebende irdische Eltern hatte. Das war ihr mittlerweile bewusst geworden. Sie war dankbar dafür.

„Wenn du magst, können wir nun über das Geben und Nehmen in Beziehungen sprechen," brachte Maria Magdalena das Gespräch wieder in Gang. Sie wollte noch einige Zeit auf der Steinbank verbleiben, weil sie wusste, dass sie noch einen längeren Weg vor sich hatten. Sie lag im Schatten einer der unzähligen Hecken. Es tat gut, sich dazwischen auch körperlich auf dieser Reise auszuruhen. Auf das Bewegen folgte das Ruhen. Dann konnte Gleichgewicht entstehen.

„Gerne – das ist ja ein Leib- und Magenthema von mir," meinte Marie schmunzelnd. Sie war neugierig geworden. Sie wollte wissen, wissen, um in sich Veränderungen vornehmen zu können.

„Das Erkennen der Grundmotivation und des Eltern-Kind-Verhältnisses ist für Beziehungen immens wichtig, denn wenn du diese beiden Bereiche nicht erkannt und geordnet hast, dann wirst du keine wahrhaftige Beziehung leben können. Du kannst es versuchen, doch langfristig wird es nicht klappen. Wenn der Mensch dann in eine Beziehung geht, wird der Mangel, das Loch im eigenen Sein auf das Gegenüber projiziert. Der andere soll das Loch aus der Kindheit füllen, ein Loch, das sich primär in Gefühlen und Gedanken abspielt – weil eben nicht anerkannt wurde, dass die Eltern das gaben, was sie geben konnten, dass genug gegeben wurde. Anstatt Frieden durch Anerkennung dessen, was ist, zu machen, bleiben die Unversöhnlichkeit und das scheinbar tiefe Loch. Damit wird der andere überfordert. Er gibt und gibt – und es ist nie genug. Wie auch? Die tiefe Bedürftigkeit des anderen bleibt. Die kann kein anderer für einen füllen. Je größer die Bedürftigkeit, desto eher erstickt die Liebe. Sie hat keine Chance, zu gedeihen. Wer eine nachhaltige, tragfähige Beziehung leben will, muss sich all das, was er vom anderen sich so sehr wünscht, selbst gegeben haben. Das ist die von euch so oft benannte Eigenliebe. Ohne diese ist eine erfüllte Beziehung auf Augenhöhe unmöglich.

Und dann gibt es auch die Möglichkeit, dass einer nicht nehmen kann. Sein Herz ist verschlossen. Er hat Angst, zu verlieren. Daher versagt er sich das Nehmen von Anbeginn, um nicht wieder enttäuscht zu werden. Er begnügt sich mit dem Minimum. Der Geber kann geben, was er will. Es wird vom anderen nicht angenommen. Dieser Mensch ist mindestens genau schwirig für sein Umfeld wie der Bedürftige. Jemand, der meint, nichts zu brauchen, nichts nehmen zu wollen, weil er dann ja auch seine Unabhängigkeit und damit seine Freiheit verliert, isoliert sich mit der Zeit. Wer will schon jemanden um sich, der alles ablehnt, was ihm angeboten wird? Wer will schon jemanden um sich, der das Gegebene nicht mit offenem Herzen und kindlicher Freude annehmen kann? Er erstickt die Liebe, denn wenn nicht genommen wird, dreht sich der Geber irgendwann um und geht dorthin, wo seine Gaben auch gerne und mit Freude empfangen werden."

Marie war fast erschlagen von diesen Worten. Sie erkannte eigenes. Sie erkannte das Verhalten von nahen Freunden. Sie erkannte die Gründe für das Verhalten von Familienmitgliedern. Wie oft hatte auch sie etwas zurückgewiesen mit Worten wie ‚das ist nicht notwendig, geh – lass doch – das braucht es nicht' oder mit dem Gedanken ‚was gebe ich nun zurück'. Sie hatte begriffen, dass es oft uralte Wurzeln für dieses Verhalten gab. Dieser Blick erleichterte vieles für sie. Es klarte in ihr auf – mehr als sie bereits zuvor Klarheit zu diesem Thema hatte. Bislang war sie noch nicht ausreichend zur Grundmotivation vorgedrungen, auch nicht zu ihrer eigenen. Doch Marie wurde schlagartig bewusst, dass sie weitergehen musste, um den Kreislauf aus Geben und Nehmen gesund in Fluss zu bringen und auch zu halten.

Maria Magdalena führte ihre Gedanken weiter aus: „Geben und Nehmen in Beziehungen verlaufen immer in einem wechselseitigen Fluss: Jeder gibt und jeder nimmt. Dadurch geschieht immer wieder ein Ausgleich zwischen oben und unten. Die Partner sind sich gleichwertig. Das ist die Ausgangslage, die man mit Bewusstsein und Achtsamkeit in Gang hält. Im Anfangsimpuls ist der Geber groß und überlegen; der Nehmer ist klein, bedürftig und abhängig. Doch das ist die Dynamik des Flusses in Beziehungen. Ist jeder groß und auch wieder klein, schwingt das Band der Liebe und befruchtet beide gleichermaßen. Es hält den Beziehungsfluss in Schwung. So soll es sein.

Der Fluss gerät dann ins Stocken, wenn die Grundmotivation unstimmig ist und die Eltern-Kind-Themen zum Vorschein kommen und in einer Beziehung die Bühne dominieren. Einer will mehrheitlich geben. Der Andere will mehrheitlich nehmen. Der Geber will kontrollieren, überblicken und frei sein. Er weigert sich, auch ab und an klein zu sein, bedürftig zu sein und damit in eine zeitweise Abhängigkeit zu gehen. Wenn er das passende Gegenstück in einem Menschen findet, der nur nehmen will, dann polarisiert es sich rasch in einer Beziehung. So entsteht eine neue Eltern-Kind-Beziehung, in der die Liebe nur in eine Richtung fließt. Das Wesen der Beziehung geht mehr und mehr verloren.

Erfasst man jedoch das eigentliche Wesen von Geben und Nehmen in einer Beziehung, dann anerkennt man die vielfältigen Geschenke als das, was sie sind – Geschenke. Das Annehmen dieser Geschenke bewirkt einen Impuls, auszugleichen und auch zu geben. Gibst du ein bisschen mehr zurück, dann bleibt die Beziehung in einem gesunden Fluss. Das steigert sich und es vertieft die Liebe zueinander. Das braucht Mut, sich aufeinander einzulassen."

Marie kannte dieses Gefühl des ausgeglichenen, aus der Fülle und der Liebe geborenen Gebens. Sie hatte es immer wieder erlebt. Das durfte noch mehr werden. „Die Königsdisziplin des Gebens ist das freudige Geben. Das Geben um des Gebens willen. Diese Art des Gebens führt dazu, dass der Gebende durch die Freude selbst erfüllt und damit auch beschenkt ist. Dies führt zu einer besonderen Art des Ausgleichs von Geben und Nehmen," ergänzte Maria Magdalena. Marie ließ sich von diesen Gedanken erfüllen und versuchte, die Kernbotschaft für sich herauszuarbeiten.

Es gibt unterschiedliche Flüsse von Geben und Nehmen. Am Beginn steht die Grundmotivation für Geben und Nehmen. Danach folgen die Eltern-Kind-Beziehung und dann die Beziehung selbst. Wer diese Ebenen erkennt und ordnet, darf erwarten, dass sich vieles von selbst entwickelt und Balance das Leben dominiert. Weder das Geben noch das Nehmen ist daher selig – beide haben ihre Bedeutung.

∞

3. Tun und Sein:
Wann kommt was zum Zug?

∞

Die beiden Frauen hatten mittlerweile den nächsten Gang des Labyrinths nach einigen Schritten erreicht. Es ging nun erstaunlich zügig voran. Raum und Zeit hatten einen neuen Geschmack für Marie. Sie ließ sich vom Tempo und der Gleichförmigkeit der Schritte tragen. Die Stille füllte den Raum. Doch Marie hatte – wie fast immer - eine Frage am Herzen, die sie als Intellektuelle und Spirituelle seit vielen Jahren beschäftigte. Sie war es gewohnt gewesen, zu handeln, zu agieren und konkret zu tun. Sie war es gewohnt, die Dinge zu steuern und zu kontrollieren. Dann fühlte sie sich sicher. Als sie erkrankte, war sie plötzlich auf Hilfe angewiesen. Sie konnte nur mehr sehr wenig kontrollieren und von Großtaten war keine Rede mehr. Mittlerweile hatte sie sich auf ein vernünftiges Maß an Tun eingependelt. Das Sein empfand sie noch immer als große Herausforderung. Umso wichtiger erschien ihr die Frage an Maria Magdalena: „Wann ist denn Tun angesagt und wann Sein? Ich habe so sehr das Gefühl, dass ich immer noch viel zu viel tue, dass mein Vertrauen ins Sein, ins sich Fügen noch ausbaufähig ist."

„Sieh dir den Vogel an. Kannst du ihn sehen? Was macht er?," fragte Maria Magdalena, während sie im Labyrinth weitergingen.

„Nichts. Er sitzt und schaut," antwortete Marie etwas verlegen. Der Vogel saß auf einer der Hecken, unbewegt – doch offenbar recht wach.

„Er ist ein sehr gutes Beispiel für das, was ich dir näherbringen will. Euer unentwegtes Tun ist das Grundübel für euer Sein. Ihr seid im Äußeren und vernachlässigt das Innere, den einzigen Ort der Erkenntnis. Damit übersieht ihr jenen Moment, wo tatsächlich die mutige Tat gefragt ist. So seid ihr nie mit dem, was ist, synchron – und lauft an den vielen schönen Möglichkeiten, die euch das Leben so bietet, vorbei."

Marie ließ die Worte in sich nachklingen. Wie oft hatte sie Ähnliches schon gehört? Wie oft hatte sie sich ähnliche Worte selbst gesagt? Marie war ein wenig verzagt, weil sie erkannte, dass sie an einer ihrer großen Fallen angekommen war. Doch sie verspürte keine Lust mehr, sich wieder und wieder in diese Falle zu begeben. „Ich muss ja nicht immer ins gleiche Loch fallen und das Herausklettern perfektionieren. Es muss doch andere Möglichkeiten geben. Kann ich das Sein lernen? Kann ich auch eine neue Straße kennenlernen und erkunden?," fragte sie unsicher.

„Du kannst alles erlernen. Doch du musst die Prinzipien dahinter verstehen. Du musst verstehen, was sie bedeuten und wann du sie einsetzt. Keines ist besser.

Keines ist schlechter. Es ist immer eine Frage, wann du was in welcher Dosierung und wofür einsetzt," erklärte Maria Magdalena weiter.

Marie blickte sie ein wenig ratlos an. Sie hatte doch schon so viel gelesen und gehört. Was sollte es Neues geben? Es war wohl eine Anwandlung von spiritueller Arroganz, die Raum von ihr ergriff. „Wieso noch etwas Neues? Wieso immer lernen? Wieso immer weiter? Wann hört das denn auf?!," tönte es wie bei einem kleinen Kind in ihr, dass die Mathematikaufgabe wiederholen musste, weil zu viele Fehler enthalten waren.

Ihre Begleiterin merkte dies und hielt ihr entgegen. „Die Menschheit ist durch Kultur, Gesellschaft, Religion, Medien, Nationalismus, Bildung, Regierung und alle Arten von illusionären Vorstellungen tief konditioniert. Bevor du dir dieser Prägungen nicht bewusst bist und die Arbeit tust, die nötig ist, dich selbst zu erkennen und zu verstehen, dass du mit deinem mechanisch-reaktiven Verhalten, mit emotionalen Süchten und deiner noch immer vorhandenen Voreingenommenheit, Informationen automatisch abweist, welche im Konflikt mit deiner Weltsicht stehen, wirst du immer wieder in der von dir erwähnten Falle landen.

Aufrichtige Selbst-Arbeit erfordert Anstrengung und Mut, weil man sowohl der gesellschaftlichen Konditionierung und Programmierung als auch den Lügen, die man sich selbst erzählt, um ‚dazuzugehören', ins Auge sehen muss. Wenn du aufrichtig mit dir selbst bist, wird dieser Prozess dich unweigerlich zur Konfrontation mit den Illusionen in der Welt führen. Du wirst beginnen, die Welt mehr als das wahrzunehmen, wie sie ist, und nicht wie du sie magst, oder dir vorstellst, wie sie wäre. Es gibt dann keine Schönrederei mit einer Buntheit an Ausreden. Diese Arbeit musst du sowohl im Inneren wie im Äußeren durchführen, denn beide sind miteinander verbunden. Da du jedoch nach wie vor primär außenorientiert bist und noch immer zu wenig in deinem Inneren herumspazierst und schaust, was es hier Schönes und Lebenswertes gibt, muss das Innere aufholen können. Daher erfolgt im ersten Schritt ein Betonung des Inneren, des Seins. Damit wird das Äußere, das Tun entlastet und ein Zusammenfügen von Innen und Außen ist möglich. Es geht hier nicht um ein Umverteilen oder um das Bevorzugen einer Seite. Wahre Selbst-Arbeit ist kein Spaziergang im Park oder das Manifestieren von Wünschen. Wenn eine Seite zu schwach ist und wir das erkennen – und das ist bei der Arbeit im eigenen Innen mehrheitlich der Fall, dann muss man diese Seite stärken, um sie auf Augenhöhe bringen zu können und um eine Integration mit der anderen Seite zu ermöglichen. Das ist oft mit einigem Schmerz verbunden, weil du die bekannten Bereiche dafür verlassen musst. Neues erfordert immer Mut und ein gewisses Risiko."

Marie war wie vor den Kopf geschlagen. Sie fühlte sich wie ein kleines Kind, das von der Mutter gescholten wurde, weil es immer wieder die gleichen Fehler machte. Sie blieb stehen und atmete mehrfach tief durch. Maria Magdalena war bewusst, dass sie deutliche Worte gesprochen hatte. Doch sie wusste auch, dass Marie an einem Punkt angelangt war, wo sie diese Deutlichkeit vertrug. Ja, die Deutlichkeit war wichtig, damit sich Marie weiter bewegte auf ihrem Weg.

„Die Notwendigkeit, die Wahrheit in sich selbst, im eigenen Sein und nicht nur draußen der Welt zu suchen, und danach zu handeln, muss von einem selbst kommen. Niemand kann es für einen anderen tun, und niemand kann jemand anderen dazu bringen, es zu tun, bis der Mensch selbst erkennt, wie wertvoll die Zeit ist, in der wir leben. Freier Wille ist daher nicht wirklich ‚frei', solange du aus deiner konditionierten Persönlichkeit heraus handelst. Menschen, die sich selbst nicht kennen, werden weiterhin in einem selbst auferlegtem Gefängnis leben, einem Gefängnis ohne Gitter und Wände, und ihre Führer als ‚Heilsbringer' verehren. Sie verehren und verteidigen damit jene, welche sie eingesperrt halten. Sie werden zu Werkzeugen der Matrix, davon überzeugt, dass sie ‚frei' sind. Sie reagieren jedoch nur mechanisch auf externe Einflüsse und angesammelte Konditionierung.

Was Ordnung bringt, ist innere Transformation, welche zu äußerer Handlung führt. Innere Transformation ist keine Isolation, ist kein Zurückziehen von äußerer Handlung. Im Gegenteil, die richtige Handlung kann es nur geben, wenn es richtiges Denken gibt. Richtiges Denken gibt es nicht ohne Selbstwissen. Ohne sich selbst zu kennen, gibt es keinen Frieden. Ein Ideal ist nur eine Flucht, ein Vermeiden von dem, was ist, ein Widerspruch zu dem, was ist. Ein Ideal verhindert direkte Handlung in Bezug zu dem, was ist. Um Frieden zu haben, wirst du lieben müssen, wirst damit anfangen müssen, nicht ein ideales Leben zu leben, sondern die Dinge so zu sehen, wie sie sind und danach zu handeln, um sie zu transformieren."

Marie fiel beim Zuhören so manches Erlebnis aus ihrer Vergangenheit ein. Viele Jahre hatte man ihr förmlich gepredigt, wie wichtig die Leistungen im Außen waren, die sichtbaren Abschlüsse, die Zahlen, das eingeworbene Geld, die tollen Konferenzeinladungen. Mittlerweile war ihr klar geworden, dass dies nur ein sehr schmaler Ausschnitt ihrer Welt geworden war. Sie hatte sich vom Äußeren mehr und mehr zurück genommen und – auch über Druck, Leiden und Zwang – ihr Inneres erkundet und viel entdeckt. Doch die Gedanken, die sie nun zu hören bekam, erweiterten ihre Erkenntnisse. Manches davon geriet ins Wanken, das ihr bereits als stabil und verlässlich erschien. Es taten sich neue Türen auf – und sie war bereit, diese offen zu erkunden und durchaus durch die Türen zu gehen und zu sehen, was sich dahinter verbarg.

Maria Magdalena schritt ruhig atmend neben Marie. Dieses Mal wollte sie sich nicht setzen. Sie war so richtig in innerer Fahrt mit ihren Gedanken. Sie wusste, dass jetzt der Moment war, Marie durchaus zu konfrontieren und noch weiter zu denken.

„Wenn du also – als durchaus Wissende – wieder gewohnheitsmäßig antwortest und keine Reaktion erzielst, dann herrscht bei dir im ersten Schritt Verwunderung, vielleicht auch Verärgerung. Du versuchst es nochmals und nochmals. So lange bis, du erkennst, das Mittel wirkt nicht mehr. Warum auch immer."

„Genau das ist mir in den letzten Monaten immer wieder passiert. Ich hatte schon an meinen Fähigkeiten gezweifelt," stellt Marie fest. Maria Magdalena ließ diese Bemerkung im Raum stehen und sprach weiter.

„Dann folgt die interessanteste Zeit. Es ist die Zeit der Leere. Es mag wie auf Watte schlagen sein. Nichts rührt sich - im Gegenteil, der Karren fährt in die ungewünschte Richtung weiter. Und zwar meistens mit noch mehr Fahrt aufnehmender Geschwindigkeit und in unkontrollierbare Richtungen. Das ist das Wesen dieser Zeit. Die Mehrschichtigkeit braucht andere Antworten als einfache Situationen. Ich gebe zu, es ist auch nicht einfach, denn man muss in mehreren Ebenen und Dimensionen gleichzeitig denken. Es ist ähnlich einem Schachspiel, doch nicht gleich diesem Spiel der Könige.

Es fehlen im Moment Denkansätze, die der aktuellen Mehrschichtigkeit gerecht werden. Viele von euch sind im Alten regelrecht gefangen. Alles ist in euren Gedanken schön abgezirkelt und in Schächtelchen gelagert. Und ihr seht sehr genau drauf, wer denn in die Schächtelchen reingucken darf und gar etwas herausnehmen darf. Mittlerweile ist die Verdichtung derart starr, dass die Kruste, der Panzer nur mehr in tausend und mehr Stücke zerbrechen kann. Auch Zerstörung ist eine Form von Wandel. Manchmal ist es die letzte Möglichkeit, um die längst anstehende Veränderung regelrecht herbeizuzwingen. Auch das gibt es – manchmal.

Und doch gibt es am Horizont einen Silberschein. Da und dort zeigen sich bereits neue Ansätze, die nicht unbedingt neu sind. Oft ist es ein Griff zu Vorhandenem, zu Einfachem, zu universell Gültigem. Ihr seht diese Denkgebäude mit euren heutigen Augen und – wenn ihr bereit dazu seid – mit einer veränderten Wahrnehmung. Das ist das Wesen in der Spalte von Alt und Neu. Experimentell, manches Mal schon durchaus ausgegoren und im Kleinen funktionsfähig sieht man diesen Silberschein."

Marie hatte ähnliche Erfahrungen gemacht. Manch Neues klappte. Dann klappte es wieder nicht und sie konnte nicht sagen, warum dies so war. Sie hatte immer wieder den Begriff der Kosmischen Spalte gelesen und gehört. Dazu hatte sie auch ein inneres Bild –

Brackwasser, wo Süß- und Salzwasser miteinander sich mischen. Es ist eine ungenießbare Mischung, ein typischer Übergang. Und – Übergänge haben es so in sich.

Maria Magdalena war so in innerer Fahrt, dass sie ungefragt fortsetzte: „Bewusstsein ist in dem Ganzen eine Form von Gewahrsein innerhalb der eigenen Daseinsebene. Achtsamkeit ist ein Aspekt von Bewusstsein, eine bestimmte Form von Aufmerksamkeit, die Wahrnehmung gemeinsam mit Bewusstsein ermöglicht. Absichtsvoll sein, im Hier und Jetzt sein – wie oft fliegen deine Gedanken in alle möglichen Richtungen? Im Unterscheidungsvermögen sein und offen sein. Wie oft bewertest und verurteilst du etwas, das du gar nicht kennst? Neugierig sein und aufmerksam sein. Bei der Sache sein. Wie oft bist du an ganz anderen inneren und äußeren Örtlichkeiten? Den eigenen inneren Zustand an Gefühlen, des Körpers und des Geistes wahrnehmend sein. Darum geht es. All das kannst du wieder erlernen, denn als Kind war dir dies im Wesentlichen sehr vertraut."

Marie ließ die Worte auf sich wirken. Nach einiger Zeit der Stille, wo beiden schweigend nebeneinander gingen, fragte sie zaghaft: „Was hat das mit dem Tun und dem Sein zu tun? Ich habe den Faden ein wenig verloren?"

Die beiden Frauen gingen für Momente schweigend nebeneinander. Dann setzte Maria Magdalena mit fester Stimme fort.

„Ganz einfach. Ich sagte dir doch, dass du die Grundprinzipien verstehen musst. Dann ergeben sich Tun und Sein nahezu von selbst. Es ist ein Spiel. Dann begibst du dich in das Sein-Warten und das Tun-Warten. Du erzwingst nichts mehr. Und du lässt nichts mehr einfach so schleifen. Es ist ein himmelhoher Unterschied zur Art des Wartens, die ich meine. Es geht um eine besondere Form des Wartens – frei vom Ego – das wären die Ungeduld und das Ziehen am Grashalm. Das Warten aus dem eigenen Inneren heraus – es gilt Ich BIN. Sehr unprätentiös. Es gibt kein Ziel, sondern einfaches Sein. Es ist, was es ist. Und dann kann es rasch weitergehen. SEIN-WARTEN bedeutet, einverstanden mit dem zu sein, mit dem, was ist. So ergeben sich oft interessante Gelegenheiten und es zeigen sich neue Wege, die bislang unbekannt waren. Wenn du hektisch versuchst und suchst, dann verpasst du etwas. Aus dem Sein-Warten, dem Einverstandensein – übrigens typisch weiblich - entspringt wieder der männliche Impuls, das Tun. Das ist das Faszinierende. Was danach kommt, ist deutlich leichter, einfacher und vor allem viel erfolgreicher. Die kosmische Ordnung gleicht damit einem Tanz aus aktiv und ruhig sein. Das Männliche ist senkrecht und ist das Elektrische. Das Weibliche ist waagrecht und ist das Magnetische. Aus beiden entsteht Schöpfung durch Elektro-Magnetismus. Sein heißt damit auch, sich dem Quellbewusstsein hinzugeben, um dann wieder aktiv sein, weil man aufgrund des schöpferischen Urquells vollkommen erfrischt ist. Aus der Hingabe entsteht eine ganz große Kraft. Du kannst dir viel Kraft, Ärger und Kummer ersparen, wenn du dieses Prinzip erkennst und auch lebst.

Wenn du, wie viele, also einseitig lebst, tendenziell im Männlichen und im Tun, dann ergeben sich in dieser Zeit die Grenzen des Machbaren. Es ist in der Einseitigkeit auserzählt. Die rein männlichen Instrumente wirken nicht mehr. Sie wirken stumpf und abgeschmackt. Was also tun? Es geht darum, die weibliche Art, das Sein-Warten zu entdecken. Und das braucht Stille und Ruhe. So kann ein heiliger Raum in dir entstehen und der verlangt nach Würdigung. Nur dann bist du in der Lage, diese weibliche Art des Seins zu entdecken und Schritt für Schritt zu leben. Es ist das Fühlen, das dich weiterbringt, nicht alleine – doch um es mit dem Handeln zusammenspannen zu können, musst du es vorerst alleine erfahren. Dann kann es wieder weitergehen.

Leben findet immer in beiden Welten statt, im Inneren und im Äußeren. Daher hast du auch das Tun und das Sein in dir. Es bringt auch nichts, das eine gegen das andere aufzuwägen, nun plötzlich das Sein übertrieben und auf Dauer in den Vordergrund zu stellen und für wichtiger als das Tun zu erklären. Es geht zurzeit darum, dem Sein für einige Zeit mehr Raum zu geben und das Tun zu entlasten. Dazu braucht es keine Extreme, sondern Bewusstsein und maßvolles Verhalten. So können beide Aspekte einander auf innerer und äußerer Augenhöhe begegnen. Erst dann kommt die von uns so sehr gewünschte und zu tiefst gesuchte Harmonie, der Einklang."

Marie war deutlich ruhiger geworden in ihren Schritten. Die Worte hatten sie innerlich entlastet. Sie, die noch immer viel zu viel im Tun war. Es war Balsam auf ihrer Seele und sie wollte noch ein wenig Klarheit zum Tun-Warten und zum Sein-Warten. „Sag mir nochmal den Unterschied. Ich will diesen für mich ganz erfassen können."

Maria Magdalena verdeutlichte diesen so wichtigen Unterschied mit folgenden Worten. „Tun-Warten ist ungeduldiges Warten, ein Ziehen am Grashalm. Doch der braucht seine Zeit um zu wachsen. Es gibt das göttlich Passende, den goldenen Moment. Alles hat seine Zeit und alles ist zur rechten Zeit vorhanden. Das verlangt Vertrauen in die Grundgesetze der Schöpfung. Warten an sich mit Tun im geistigen Hintergrund ist immer auf Mangel ausgerichtet und stößt das, was eigentlich schon hier ist, wieder weg. Es hat gar keine Chance, sich zu zeigen und anzukommen. Tun-Warten hingegen gründet eben auf das Äußere, nicht auf dem vom Inneren geleiteten, vertrauensbasierten Warten. Damit kann sich – fern des mit den herkömmlichen Sinnen Wahrnehmbaren – nichts entwickeln, nichts wachsen und auch nichts entfalten.

Sein-Warten hingegen ist vertrauensvoll, ist ein wenig wie die Lilien auf dem Felde. Es ist kein passives Warten, kein Warten, dass es jemand für dich richtet. Nein – du hast irgendwann eine Absicht, einen Impuls gesetzt und nun hast du die innere Gewissheit, dass es sich dann zeigt, wenn der passende Moment dafür gegeben ist. Auf einer höheren Ebene ist ja alles bereits vorhanden. Du brauchst dich daher nur in die Schwingung dieser höheren Ebene begeben. Das heißt, du passt deine eigene Schwingung an jene Schwingung an, die das hat, was du willst. Es ist ein Frequenzabgleich. Das klingt technisch, doch es ist ein innerer Schritt. Je höher das Bewusstsein, umso einfacher sind die Instrumente der Erschaffung. Klarheit, die innere Absicht, das Einschwingen auf die gewünschte Frequenz und der tiefe Glaube und die großzügige Dankbarkeit, dass alles schon bei dir vorhanden ist. Dann stellt sich die Frage nach Tun und Sein auch nicht mehr."

Marie war zufrieden mit der Antwort. Sie war ihr konkret genug und sie war bereit, sich spielerisch auch im Sein-Warten noch mehr zu versuchen. Es war einen Versuch wert. Sie konnte ja mit diesem Spiel der Frequenzanpassung beginnen und sich üben. Dabei konnte sie nur gewinnen – Freiheit, Raum, Zeit, Gelassenheit ... und so vieles mehr.

∞

Tun-Warten ist ungeduldiges Warten, ein Ziehen am Grashalm. Sein-Warten gibt dem göttlichen Timing Raum und Zeit. Das verlangt Vertrauen in die Grundgesetze der Schöpfung. Ein erfülltes Leben umfasst beides – Sein und Tun – und das Wissen, wann, was, wofür und in welcher Dosierung zu leben ist. Dann fließen Geben und Nehmen ganz natürlich – so wie vom Kosmos vorgesehen.

∞

4. Tat und Wunsch:
Vom Traum zur Umsetzung?

∞

Die beiden Frauen gingen weiter in den nächsten Gang des Labyrinths. Marie dachte dabei immer wieder an Salomon, den Weisen. Er, der als Erfinder des Labyrinths gilt, begleitete die beiden Frauen wie eine Taube im Geiste. Wie viele Menschen waren durch die diversen Labyrinthe gegangen – real und virtuell? Wie viele hatten sich verirrt und wie viele hatte das gefunden, was sie aus der Tiefe ihres Herzens suchten? Marie war gewiss, dass auch sie finden würde. Es war alles nur eine Frage der Zeit ... und eine Frage, wie lange sie ihr Herz offen halten würde, gleich was kam.

Maria Magdalena hielt kurz inne und bat Marie, sich auf eine der Steinbänke zu setzen. Sie war vom konzentrierten Sprechen und vom Gehen ein wenig müde geworden. Sie hätte wohl weitergekonnt, doch es war das Wechselspiel aus Bewegung und Ruhe, das sie liebte und das ihr diese unendliche Kraft gab, immer ihren Weg weiterzugehen, aufrecht und voll Vertrauen, dort anzukommen, wo es ihr bestimmt war.

Marie war im Geheimen auch froh darüber, sich ein bisschen ausruhen zu können. Sie sprach zwar wenig, doch auch das Aufnehmen und das Verarbeiten verlangten viel von ihr ab. So war sie begierig auf jedes Wort, sodass sie sich voll konzentrierte und zum Beispiel die angenehm warme Sonne ebenso wenig bemerkte wie die zahlreichen Vögel, die sie immer wieder umschwärmten. Auch den Duft der ersten Forsythien und Tulpen, der leicht über die Hecken des Labyrinths wehte, merkte sie erst, wenn sie sich setzte und durchatmete. Die Steinbank, auf der sie nun saßen, war von der Sonne angewärmt. Gleichzeitig kühlte der leichte Wind die beiden angenehm. Ja, man konnte bereits im Freien ein wenig sitzen.

Es folgten Momente der Stille, des Schweigens. Beide empfanden diese natürlich sich ergebenden ZeitRäume als angenehm. Nichts wurde gedrängt und aufgedrängt. Doch den Gefühlsregungen und Gedanken wurde nachgegeben. So konnte sich ein Wechselspiel entfalten, das einen Hauch vom Tanz mit dem Leben in sich barg.

Marie hatte die nächste Frage im Herzen. Sie war bei aller Intellektualität eine Träumerin geblieben. Viele Bilder spazierten in ihr Herz und wieder hinaus. Die Umsetzung, ja die Umsetzung – da konnte sie Nachhilfe gebrauchen. „Weißt du, ich habe so viele Träume und Ideen, die außergewöhnlich sind und von denen ich überzeugt bin, dass sie Menschen dienen können. Doch in der Umsetzung, da habe ich noch immer meine Schwierigkeiten. Manches rutscht mir durch die Hände und läuft mir davon. Anderes verfolge ich zu hartnäckig und dann interessiert es mich nicht mehr, wenn ich es erreicht habe. Wie kann ich das einfacher gestalten, sodass das durchkommt, was durchkommen soll? Wie erkenne ich das? Wie sehen die beiden Prinzipien aus, die mir helfen, meine Träume auch umzusetzen und Menschen damit zu dienen?"

Kurzzeitige Stille trat zwischen den beiden Frauen. Maria Magdalena lächelte vor sich hin. „Ach – sie ist noch immer eine Pionierin, eine, die vorangeht, die mutig ist und die sich mehr und mehr geführt weiß. Manches Mal ist sie einfach zu ungestüm wie ein kleines Kind, schlicht zu ungeduldig," dachte sie bei sich.

„Weißt du, mit den Träumen ist das so eine Sache. Wenn du ein paar Dinge dabei beachtest, dann fragst du nicht mehr nach der Umsetzung. Du kannst immer und überall träumen. Das ist wichtig. Es ist auch wichtig, Wünsche zu haben. Sie zeigen, dass du lebendig bist, dass du wachsen willst, dass du bereit bist, dich auszuweiten. Wesentlich ist, dass du dein Wohlergehen von diesen Träumen nicht abhängig machst und dass du um deine Grundmotivation Bescheid weißt. Was willst du mit deinem Traum erreichen? Welche Bedeutung gibst du dem Traum? Welche Absicht verbindest du mit ihm? Träume sind Inspiration, sie sind ein Ausdruck des Göttlichen, ein Ausdruck, was auch möglich ist und sein kann. Sie sind Teil des Schöpferisch-Kreativen. Es ist das Gebärende, das Neue, das Andere, das Experiment, der Versuch, ohne zu wissen, wie er sich konkretisiert und wie das Ergebnis aussieht. Es geht primär um den Inhalt, den Inhalt des eigenen Seins, des Daseins, des Lebens. Frage dich immer wieder, welche Träume dich antreiben. Hast du Visionen von deinem eigenen Sein? Was bringt dein Herz zum Singen? Was ist dein Auftrag hier in diesem Leben und in dieser Welt? Welchen Beitrag gibst du an diese Welt? Welche Fähigkeiten, Begabungen, Talente sind dir mitgegeben? Was kannst du daraus machen? Wie lassen sich deine Fähigkeiten, Begabungen, Talente kombinieren? Träume als Teil der Schöpfung sind immer kreativ, weil erschaffend."

Marie hatte aufmerksam zugehört. Vieles vom Gesagten war ihr vertraut, war ihr bekannt. Sie hatte dem nichts hinzuzufügen. Es war ihr Terrain, ihre Spielwiese – wobei – die Grundmotivation, die bereitete ihr nach wie vor ein wenig Kopfzerbrechen. Sie musste ehrlich sein – Träume hin, Träume her. Marie fühlte sich wohl in den Träumen, im Kreativ-Schöpferischen. Hier war sie zu Hause. Es war ein Schwimmen in einem vertrauten Ozean. Doch diese Grundmotivation, hier hing sie fest. Dann kam erst der Gedanke an Umsetzung. Also zwei Baustellen – oder gar noch mehr? ….

„Was du sagst, ist mir wohlvertraut. Doch ich will meine Träume umsetzen. Ich will mehr über meine Grundmotivation wissen. Daran fehlt es mir noch? Ich könnte nicht einmal sagen, wo genau und wie ich genau herankomme. Bitte führe deine Gedanken weiter aus."

Maria Magdalena meinte, „Ja, wenn es konkret wird, dann straucheln viele. Ihre Träume werden überprüft, indem sie nach ihrer Grundmotivation gefragt werden. Das ist die eigentliche Nagelprobe. Es ist wichtig, beim Träumen auch sich nach dem Warum, der Absicht und der Bedeutung zu fragen und sich dann ans Ziel zu träumen. Warum will ich den Traum umsetzen? Wie soll es am Ende aussehen, fertig, umgesetzt? Bringe deinen Inhalt in eine Struktur, die passt, die sich gut für dich anfühlt und die die nötige Stabilität gibt. Das Schöpferisch-Kreative braucht auch das Denkend-Ausführende. Das Denkend-Ausführende ist von Aktivität, vom Impuls, von Struktur und vom Halten getrieben. Es ist das Gefäß für das Schöpferisch-Kreative. Es geht dabei um Abfolgen, um Verbindungen zwischen einzelnen Handlungsschritten, um das Konkrete. Lass andere an deinem Auftrag teilhaben. Stelle dich mit deinem Auftrag auch zur Verfügung. Frage dich immer – wird durch mich und mein Sein die Welt jeden Tag ein Stück besser? Entwickelt sie sich durch mich weiter? Was kann ich für das *Große Ganze* tun? Dann hast du deine Grundmotivation hinterfragt. Sie legt die Basis für alles weitere."

Für Marie waren diese Hinweise noch immer zu allgemein. Immer wieder tauchte die Grundmotivation in ihrem Austausch auf. Damit hatte sie sich bislang viel zu wenig befasst. Viele wussten mit Sicherheit gar nicht, dass es eine Grundmotivation jenseits ihres Bewusstseins gab, die alles weitere nachhaltig beeinflusste.

Ja – natürlich hatte Maria Magdalena Recht. Doch für sie war es nach wie vor zu träumerisch. Sie brauchte etwas zum Anfassen, etwas Greifbares. Also war Marie doch nicht nur eine große Träumerin, eine Pionierin? Marie war so viel mehr. Sie konnte anpacken, doch sie brauchte einen Plan, eine Orientierung, an der sie sich entlang hangelte, die ihr Sicherheit gab. „Mach es noch konkreter für mich. Ich will mehr über meine Grundmotivation wissen, um meine Träume umzusetzen," meinte Marie fast ein wenig verzweifelt, so sehr sehnte sie sich nach Konkretem, das ihr Umsetzungen ermöglichte. Vielleicht wartete Marie sogar auf irgendein Rezept, eine Betriebsanleitung.

„Vergiss die alten Kategorien und die alten Instrumente. Es ist viel wichtiger auf deinem Weg, achtsam und bewusst zu gehen. Es fügt sich am Weg. Es löst sich am Weg, wenn du weißt, warum du deinen Traum umsetzen willst – aus Liebe, aus Dienst am *Großen Ganzen* – so hehr das klingen mag. Oder willst du deinen Traum umsetzen, aus Angst, weil dir dein Ego Streiche aller Art spielt? Beantworte dir diese Fragen ehrlich und du hast die bestmögliche Grundlage, deinen Traum in ein Ziel konkret zu wandeln. Dabei sollst du keine schematische Vorgabe haben. Sie würde dich vom Denken entbinden. Doch Denken ist genauso wichtig wie Achtsamkeit und Bewusstsein. Etwas fällt dir aufgrund deiner geschärften Wahrnehmung, einer inneren Neugierde und Offenheit auf - über deine bekannten fünf Sinne, über deine innere Wahrnehmung, weil auch dem Gefühl und der Intuition Raum gegeben wird. Sie werden eben nicht mehr als diffuses Bauchgefühl weggedrückt und abgewürgt, sondern sie erhalten - vorerst neutral als so sein - Raum in dir. Das ist nicht mystisch und abstrakt. Das ist sehr konkret auf deinem Weg – anders, als du es bislang in der Umsetzung kanntest.

Ein Großteil deines wahren Selbst läuft jedoch sprichwörtlich an dir vorbei und wird durch dein Unterbewusstsein wie in einem Abfluss aufgesogen und in ein imaginäres Sammelbecken abgegeben. Was geschieht dort? Vieles und nichts zugleich. Oft verbleibt es im Dunklen. Es ist etwas da, doch oft können wir es mit dem Verstand nicht identifizieren. So wiederholst du Lebenssituationen, solange bis es dir zu dumm wird und du dich auf die Suche begibst. Dieser Abfluss hinterlässt in dir das Gefühl der Trennung vom Ganzen, von einer latenten und manifesten Angst, dass du in deinen Fähigkeiten zu tiefst beschränkt bist, deine Wünsche zu erfüllen. Zudem hast du einen festsitzenden Glauben in dir, dass du hart arbeiten und viel kämpfen musst, um deine Ziele zu erreichen und dein Lebensglück zu verdienen. Das ist ein grundlegender Denkfehler. Viele versuchen nach wie vor mit Nachdruck zu beweisen, dass es eine einzige Realität gibt. Es ist jene, die du mit deinen bekannten fünf physischen Sinnen wahrnehmen kannst. Doch – und das merke dir – diese Sinne sind programmiert und konditioniert. Selten sind sie rein. Wenn du auf dieser Wahrnehmungs- und Bewusstseinsebene verbleibst, dann gerinnt dein Geist in die Materie und dein Bewusstsein ist auf dein Ego begrenzt. Was für eine Einschränkung! Was für eine Verkürzung, vor allem wenn nachgewiesenermaßen damit nur fünf Prozent dessen wahrgenommen wird, was es tatsächlich gibt. Nicht kennen heißt nicht, dass es etwas nicht gibt. Es ist nur außerhalb deines Wahrnehmungsfilters. Du kannst also viel mehr für die Umsetzung deiner Träume nutzen, als du bislang meintest. Alles, was du dir in deinem Inneren so konkret wie möglich durchdacht, ausgemalt, ausgeschmückt vorstellen kannst, kann in die Realität treten. Du machst dir über die eigentliche Umsetzung zu viele Gedanken und blockierst damit die Umsetzung. Sie will sich frei entfalten, weit über deine vorgestellten Möglichkeiten hinaus. Deine Vorstellungen von dem, was möglich ist, sind von der Vergangenheit geprägt. Du projizierst die Vergangenheit in die Zukunft – und überspringst die einzig wahre Zeit, das Jetzt. Somit läufst du an der Realisierung treffsicher vorbei. Hinzu kommen noch die unzähligen Prägungen aus deiner Familie, der Gesellschaft und aus dem großen, generationenübergreifenden Kollektiv. Die Umsetzung ist der organisatorische Prozess, der Weg vom Traum zum konkreten Ergebnis. Du mischt dich viel zu sehr in etwas ein, das fließend sein will. Kümmere dich um die stimmige Ausrichtung deiner Grundmotivation in deinem Leben und um das, was du gerne in deinem Leben haben und sein willst. Sei klar, absichtsvoll und entscheide. Dann hast du schon eine sehr gute Basis gelegt."

Marie sortierte das Gesagte. Wahrscheinlich wusste sie noch immer viel zu wenig über ihre Grundmotivation. Möglicherweise träumte und handelte sie immer noch zu sehr aus dem sich in ihr aufplusternden Ego. Ja – dazu stand sie. Sie hatte ein recht robustes Ego, das sich immer wieder wichtigmachte. Auch Pionierinnen und erfahrene Menschen wie Marie hatten mitunter ein starkes Ego, das ihnen wie ein Felsblock im Weg stand. Das Herunterdimmen des Egos war nie einfach, oft mit Schmerzen und der Aufgabe von Kontrolle verbunden. Marie ließ noch immer zu, dass sich dieser kleine Pudel, genannt Ego, in ihr wichtigmachte und zeitweise ganz schön viel Raum einnahm.

Marie war ehrlich zu sich. Ja, sie tat noch immer zu viel. Wahrscheinlich hatte sie noch immer zu wenig Vertrauen, dass sich ihre Träume realisierten, wenn das göttliche Timing passte. Und doch – sie war noch immer ein wenig ratlos, weil sie sich zu sehr auf den Umsetzungsprozess fokussierte und ihre Pläne so sehr liebte – und die Müllkübel dazu auch. Wie oft verwarf sie Pläne, die sie vorher so ausgeklügelt gemacht hatte. Das Leben hatte oft eine bessere Idee als sie mit ihrem intellektuellen Verstand, der dann doch im Vergleich mit dem Leben klein und begrenzt war – bei allen Studien und bei allen Ausbildungen.

„Das Geheimnis, so es so etwas gibt, liegt in der Erweiterung deines Bewusstseins hin zu deiner Grundmotivation. Warum – Liebe oder Angst? Trennung oder Einheit? Nichts ist schlecht. Alles ist. Doch du musst erkennen, warum du was tust und willst. Von der erkannten Grundmotivation aus kannst du eine Innen-Außen-Balance erzielen. Damit gibst du deinem Traum den Weg zur Umsetzung und zur Realisierung im Ergebnis frei. Es geht im ersten Schritt darum, sich selbst immer wieder nach dem ‚warum' zu fragen. Es geht danach ausdrücklich nicht darum, dass du nun ganz stark in den Seins-Pol gehst und ausschließlich dort verbleibst. Es gibt keine Hängematten und es ist keiner für dich da, der für dich tut. Es geht um das angesprochene Sein-Warten und Sein-Tun. Das ist kein Einmalschritt, sondern ein fließender Prozess. Für die Erweiterung von Bewusstsein brauchst du keine Drogen welcher Art auch immer, sondern im ersten Schritt eine bewusste Entscheidung, die sich auf deine innere Offenheit dafür bezieht. Es ist ein Ja zu einer inneren Öffnung und zu einem inneren Zulassen von Neuen, von Anderem."

Marie merkte, dass sie bislang irgendwie ‚falsch' geträumt hatte und das Träumen viel zu wenig für ihre Ziele genutzt hatte. Zu unkonkret, zu unklar war alles. Sie hatte irgendwo mittendrinnen damit begonnen und selten konkret geendet. Wie auch? Sie war viel zu sehr auf den Prozess der Umsetzung aus einem vagen Bild heraus fokussiert. Auch ein Fehler, eine Verschwendung von Energien. Das war ihr mittlerweile klar geworden. Marie hatte das Gefühl, mit einem Haufen an Trümmern an Träumen dazustehen. Sie war ent-täuscht – doch gleichzeitig war sie klar. Das war ja schon etwas.

Maria Magdalena spann ihre Gedanken weiter. „Wir können uns nur an unser Selbst (wieder-)erinnern, wenn wir unser Bewusstsein in eine weitere Wahrnehmungsebene ausdehnen und die Zeit hinzunehmen. Die Wahrnehmung von Vergangenheit, Gegenwart und Zukunft wird fließender, da sich die Gesetze von Zeit und Raum verändern. Die Trennung wird unwichtiger, weil das Hier und Jetzt, die Zeit zwischen zwei Atemzügen an Bedeutung gewinnt. Kinder bis zum etwa sechsten Lebensjahr kennen gar keinen anderen Zustand. Sie tun sich schwer mit dem Warten auf etwas, das kommen mag. Zeitgefühl ist oft nicht Teil ihrer Wahrnehmungswelt. Sie leben nicht zeitlos, sondern eben in diesen drei Sekunden, mit denen sich Erwachsene oft unglaublich schwer tun, weil sie kontrollieren, planen und schon vor der Zeit wissen wollen, was ist - also schon dort sein wollen, bevor sie abfuhren. So versäumen sie das einzig Reale - den Jetzt-Moment. Sie fühlen sich abhängig von dem, was war und was kommen mag. Denn, wer hat denn schon die große Gewissheit? Irgendwann stellt sich eine Ohnmacht ein und mündet im Opferdasein. Es sind die berühmten Umstände. Der Traum wird zum Schaum."

Marie war verwirrter als zu vor. Hatte sie bislang alles falsch gemacht? Musste sie deshalb so lange auf etwas warten, bis es eintrat? War es ihre chronische Ungeduld, ihr Schon-da-sein-wollen bevor sie ihr Ziel kannte? Wahrscheinlich war es von allem etwas. Marie wurde klar, warum die Umsetzung und Realität ihrer Träume so lange auf sich warten ließ. Sie war sich ihrer Grundmotivation zu wenig bewusst und sie war zusätzlich in allem nicht deutlich und entschieden genug. Alles war eine innere Soße. Zusammengesunken und enttäuscht saß sie da, ein wenig ratlos, wie es weitergehen kann.

„Löse dich von der rein materiellen Vorstellung im Bewusstsein, und dehne dich innerlich in der Wahrnehmung aus in Richtung Grundmotivation. Frage dich nach deiner Klarheit. Frage dich nach deiner Absicht, warum du deinen Traum Realität werden lassen willst. Wähle die Liebe, die Freude, das Verspieltsein, das Anmutige, das Elegante, den Glauben, die sanfte Struktur, die deinem Traum Halt gibt und Ausweitung ermöglicht, die Schrittfolge wie beim Tanz … Dann entwickelst du eine erweiterte Form von Achtsamkeit für das, was AUCH ist. Deine Abhängigkeiten werden geringer. Was früher ach so unabdingbar war, weh tat und vor dem du unbändige Angst hattest - es verschwindet. Nein, es ist nicht weg. Deine Einstellung dazu hat jedoch sich gewandelt. Mehr und mehr stellst du fest, dass du selbst deine eigene Realität durch die Art von Wahrnehmung und die Weite des eigenen Bewusstseins erschaffst. Die Selbstsabotage wird geringer und du kommst deiner Grundmotivation und der Realisierung deiner Träume deutlich näher. Das Äußere wird in seiner Bedeutung auf jene Stufe gebracht, die ihm zusteht. Das vielzitierte, sich ewig aufplusternde Ego kann sich erholen. Es kann dir dort mit Kraft helfen, wo es gebraucht wird - als unbedingter Wille zum Sein. Auch nicht ganz unwichtig. Wenn also deine geistige Blindheit endet, werden auch deine physischen Augen sehend werden."

Marie bekam erstmals eine Ahnung, worum es ging. Die Klarheit und Absicht. War sie klar? Was war ihre Absicht? Das Ego, das Aufplustern, das Wichtigsein – oder die Freude, die schlichte Freude als Liebe in Aktion. Was im ersten Moment idealistisch klingt, ist sehr real. Marie merkte – sie musste sich indirekt an die Realität heranmachen. Nicht mit dem Holzhammer, sondern mit der feinen Klinge. Eben indirekt über die Klarheit und die Absicht. Das war ungewohnt. Doch ihr war klar, dass genau dieser Zugang ein enormes Erfolgspotenzial in sich birgt.

Maria Magdalena bemerkte Maries Unsicherheit und ihre innere Unruhe. Sie setzte ihre Gedanken fort. „Wer Bewusstsein und Achtsamkeit leben will und die eigene Klarheit und Absicht erkennen will, darf sich zu allererst mit sich selbst auseinandersetzen. Du bist die schönste und vielfältigste Fundgrube. Du hast dich immer an Bord - auch wenn du es weder merkst noch wahrhaben willst. Aus deiner inneren Mitte heraus erkenne die Absicht, die Bedeutung, die du deinem Traum und seiner Realwerdung gibst. Sei ehrlich und klar dabei. Frage dich immer wieder. Nichts ist dabei verwerflich. Ja, du kannst und darfst berühmt werden wollen, bekannt sein, wertgeschätzt werden und gehört und gelesen werden. Das ist alles zulässig. Doch gestehe es dir zu und frage nach dem Warum. Ist die Grundmotivation Liebe? Wundervoll. Dann schaffst du die Basis. Sei konkret im Traum. So konkret wie es dir möglich ist. Du kannst das innere Bild auch über mehrere Tage lang malen. Fühle hinein. Nimm deine Empfindungen wahr. Auch hier – sei so konkret wie möglich. Rieche, schmecke, taste, spüre, fühle. Lass dich in den Traum und dein Bild hineinführen wie in einen Garten. Nimm die Freude wahr, wenn die Realwerdung erfolgt ist. Was fühlst du dabei? Sei großzügig zu dir und zu deinem Umfeld. Doch – und das ist wichtig – fang an zu gehen. Vieles entwickelt sich beim Gehen. So entsteht der Weg unter deinen Füßen. Lass dich auch überraschen von dem, was sich noch am Weg zeigt. Genieße den Weg. Lass dich inspirieren. Mach es spielerisch wie ein Kind. Das will auch nicht immer alles im Vorhinein wissen. Das wäre doch langweilig. Du würdest viel weniger bewusst und achtsam sein. Und dann – wenn du am Ziel in der Lebenswelt bist, sei dankbar, halte inne, genieße das Erreichen des Traums. In diesem Moment nimmst du das harmonische Zusammenspiel des Kreativ-Schöpferischen und des Denkend-Ausführenden wahr. Es ist eine Form von Einheit."

Marie hatte das Prinzip nun verstanden. Der Umsetzung stand nichts mehr im Wege.

Eine bewusst gemachte Grundmotivation (Liebe oder Angst), ein klarer Traum, ein deutlich erkennbares Ziel samt Entscheidung für den Traum und Vertrauen am Weg helfen sehr, am spirituellen und am irdischen Weg zu gehen. ... Und immer eine Prise Dankbarkeit für das, was sie schon gemeistert hatte ... so kann es gehen mit dem Schöpferischen und dem Aktiven.

5. Verstand und Gefühl: Widerstreit oder geniale Paarung?

∞

Marie und ihre Begleiterin waren mittlerweile tief im Labyrinth angelangt. Es ging sich fast von selbst. Die kleinen Ruhepausen und die Phasen der Stille beim Gehen machten den Weg gehbar. Ja, gelegentlich war Marie etwas müde, doch es zog sie immer weiter, immer tiefer ins Labyrinth. Kleinere Hänger waren normal auf diesem Weg. Sie war und ist noch immer Mensch und sie durfte auch kleinere Schwächen haben. Sie gehörten zu Marie wie ihr scharfer Verstand und ihre großen Gefühle. All das machte sie ganz.

Als Intellektuelle beschäftigte sich Marie seit vielen Jahren mit dem Verhältnis von Verstand und Gefühl. Sie hatte viel gelesen, gehört und auch selbst darüber geschrieben. Marie bezeichnete die Verbindung aus Gefühl und Verstand als ihr WeisheitsWissen, das sie, in ihrem Herzen verbunden, immer fand.

Und doch war sie neugierig, was ihr Maria Magdalena zu diesem Urverhältnis, zu dieser Schlüsselverbindung für Menschen weitergeben würde. Sie musste sie dazu gar nicht fragen. Maria Magdalena erahnte bereits ihre nächste Frage. Sie kannte Marie in einer besonderen Weise. Worte waren dafür nicht erforderlich. So begann sie unvermittelt.

„Menschen können es nicht oft genug hören, das Wesentliche zu Gefühl und Verstand, sind es doch zwei von mehreren Dimensionen menschlichen Seins. Sie sind keine Gegensätze sondern viel mehr sich ergänzende Aspekte. Frage dich immer und immer wieder ‚Wer nimmt nun in eurem Dasein welchen Platz ein'? Zudem werden Gefühl, Intuition, Emotion und Herz immer wieder vermischt. Das führt dazu, dass keines richtig erkannt und gelebt wird. Eine Verbindung mit dem Verstand ist dann schlicht nicht möglich. Worte sind dabei das Kleid der materiellen Erscheinung unseres Seins. Denken ist die Brücke zwischen Unwissenheit und Wissen. Es öffnet die Türe zur Weisheit, doch es ist nicht die Weisheit."

Marie entgegnete impulsiv: „Das ist ja genau das Thema, wo so viele von uns scheitern und sich letztlich auf Wege begeben, die nicht von ihrem tiefsten Inneren bestimmt werden, sondern von ‚was tut man', ‚was sagt man', ‚das geht ja gar nicht', ‚was werden denn die Leute sage'… Ich begegnete in den vergangenen Monaten so vielen zutiefst unglücklichen Menschen, die krampfhaft ihre Masken aufbehielten und versuchten, sie mit allen Mitteln festzuhalten. Und doch – ihr Gefühl schrie förmlich aus ihnen und sie erkannten es schlicht nicht. Sie hatten keinen Zugang dazu und wurden vom Verstand dominiert. Das Herz kannten sie gar nicht. Es war ihnen völlig fremd – selbst wenn ich es ihnen versuchte, zu zeigen und fühlbar zu machen."

Die Emotionen flogen durch die Gänge des Labyrinths. Marie war etwas lauter geworden, sehr ungewöhnlich, denn im Labyrinth ist man leise. Es braucht das Laute nicht. So waren die Gefühle, die sie die vergangenen Monaten immer wieder in zahlreichen Begegnungen erfahren hatte, mit ihr durchgegangen. Erstmals begegneten sie einem Paar, das schweigend nebeneinander schritt. Sie wichen wortlos aus, lächelten sich still an. Wie es eben im Labyrinth üblich ist.

Maria Magdalena äußerte sich nicht zu Maries Gefühlsausbruch und setzte ihre Gedanken fort, als wäre nichts Lautes geschehen: „Bevor du ins Herz gehen kannst, musst du wissen, wie das Zusammenspiel ist und wer die Mitspieler sind. Hier wird viel verwechselt. Das Herz ist nicht das Gefühl. Es ist viel mehr. Das Gefühl, frei von Bewertung, kommt immer aus dem ersten Moment. Es kann Liebe oder Angst sein. Das Gefühl kommt immer aus der Grundmotivation und Grunddisposition, die du zum Leben selbst einnimmst. Viel öfter ist es die Angst in all ihren Spielformen. Viel öfter ist es angelernt aus der Kindheit und der Gesellschaft. Viel seltener getrauen sich Menschen zu ihren ureigensten Gefühlen zu stehen. Ein geh hin und fühle – das wäre eine würdige Beachtung von Gefühlen, dem weiblichen Teil in euch. Doch meistens werden sie weggedrückt, weil sie als lästig und als störend empfunden werden. Sie tun weh, sie werfen einen aus der Bahn und fordern Beschäftigung. Gefühle spürst du über Regungen in deinem

Körper. Daher ist dein Körper auch so wichtig. Er zeigt dir so viel mehr und spricht laufend mit dir. Du musst ihn nur erhören. Achte auf die Hitze, die Kälte, die Leichtigkeit, die Schwere, die Offenheit, den Druck, das sich Verschließen. Dein Körper ist untrüglich. Nutze ihn und sei dankbar dafür. Beobachte was sich in deinem Körper tut. Er steht dir immer zur Verfügung.

Wenn du das Gefühl gedanklich bewertest, dann erzeugst du Emotion. Etwas fühlt sich gut oder schlecht an – und schon hast du den Mantel des Gedankens herumgegeben. Und schon bist du weg von dem, was das Gefühl über deinen Körper dir eigentlich mitteilen will. Es kommt zu einer Verdichtung und Verhärtung in dir.

Gelegentlich nimmst du Intuition wahr. Sie ist kein Gefühl, sondern eine Ahnung, eine Eingebung. Vor allem, sie entspringt nicht dem Denken. Sie gibt Botschaften, Hinweise."

Marie merkte, dass es ein riesiges Durcheinander in der Einordnung gab. Gefühle, Emotionen, Intuition … alleine hier bestand Klärungsbedarf. Das musste sie sich merken, denn auch sie vermischte immer wieder. Es war so, als ob sie in unterschiedlichen Stockwerken unterwegs war und die Küche mit dem Badezimmer vertauschte. Sie wusste auch – alles ist eine Frage von Bewusstsein und Unterscheidungsvermögen. Das hatte sie schon sehr gut trainiert. Hier konnte sie aufbauen.

„Und nun zum Verstand, den ihr zur Krone eurer Schöpfung erhoben habt. Gedanken, die ihr dann auch noch durch Gefühle ummantelt, führen zu euren Vorstellungen und Erwartungen, die meistens Leid verursachen und zur Emotion werden. Sie kommen ja nie aus dem Herzen. Und – sie haben nichts mit Gefühlen zutun. Vieles davon habt ihr aus eurer Kindheit, aus eurer Familie und aus eurer Gesellschaft übernommen. Sehr oft ungefragt und unkritisch. Sehr bedauerlich, diese Einseitigkeit, diese Überforderung einerseits und die Vernachlässigung andererseits. Der Verstand, also der männliche Weg, dominiert alles andere. Ihr seid zu denkenden Wesen geworden, was grundsätzlich in der Ordnung ist. Doch ihr lasst euch viel zu sehr vom Denken beherrschen. Viele sind zum Denken selbst geworden. Was für ein eingegrenzter Blickwinkel?! Wann immer eine Seite beherrschend ist, gerät die Balance aus den Fugen. Ihr habt bislang auch viel zu wenig erkannt, dass Gedanken eigenständige Wesenheiten sind. Sie können sich ganz schnell selbständig machen. Zudem werden sie von kollektiven Gedankenformen überlagert. Alles mit dem gefährlichen Wörtchen ‚man' sollte auch unmittelbar zum Innehalten bewegen. Der Verstand alleine bringt euch nicht mehr weiter. Ihr seid mittlerweile mehrheitlich mit euren Gedanken außerhalb von euch selbst, weit weg, in den Weiten der Gedanken, ein Labyrinth ohne Ausgang."

Marie hatte diese Entwicklung im Äußeren bemerkt. Ihr war es vor allem in ihrer Zeit während und nach ihrer Erkrankung gelungen, sich aus der Einseitigkeit des Denkens und der Überhöhung ihres Verstandes zu befreien. Es war ein längerer, nicht immer einfacher Prozess. Sie war mit ihrem Verstand so derart vertraut und konnte sich auf ihn verlassen, dass sie lange Zeit gar nicht bemerkte, wie einseitig sie viele Jahre unterwegs war und wie sehr ihr Verstand schon unter der Überforderung stöhnte. Als sie ihren persönlichen Nullpunkt erreicht hatte, erkannte sie, dass sie mit dem Verstand alleine nicht weiterkam. So entdeckte sie – erzwungenermaßen – ihre Gefühle. Anfänglich war sie erschrocken über ihre Gefühlstiefe und ihre Fähigkeit, sehr vielfältig zu fühlen. Mit der Zeit gewöhnte sie sich an die innere Dichte und Breite an Gefühlen und begann mit ihnen zu spielen und sie kennenzulernen. Ihre erzwungene Ruhepause hatte auch Vorteile, denn nur Denken wurde richtig langweilig und ihre Gefühle ließen sich auch nicht mehr beiseiteschieben. Wenn sie das machte, dann wurden sie lästig und unangenehm wie übermüdete Kleinkinder. Also fasste sie den Entschluss, sich ihnen zu widmen. Und siehe da – über die Zeit konnte sie sich mit ihnen anfreunden. Ihr Verstand war auch ganz begeistert, weil er sich endlich erholen konnte. So war ihr nach einigen Monaten bewusst geworden, dass sie zwei fantastische Instrumente in sich hatte. Sie wusste auch über ihren Treffpunkt im Herzen. Doch genau darüber wollte sie von Maria Magdalena mehr wissen. Sie verspürte, dass sie da noch einiges an Nachholbedarf hatte.

„Das sogenannte Herz zu beschreiben, fällt Menschen zum Großteil sehr schwer. Sie können es oft nicht einmal im eigenen Körper einem Ort zuschreiben. Und doch - am ehesten verbinden sie damit zuerst den physischen Aspekt. Der ist natürlich vorhanden. Doch es geht tiefer, viel tiefer. Für die erste Vorstellung ist es hilfreich, den physischen Aspekt als Orientierung zu nehmen. Doch im Weiteren geht es um ein Insichgehen. Es geht um das fühlende Wahrnehmen. Was tut sich in deinem Körper, dem irdischen Vehikel? Welche Gefühle zeigen sich dir – frei von Bewertung, denn dann ist es eine Emotion? Welche Empfindungen stehen nebeneinander in dir? Was wollen sie dir sagen? Welche Hinweise geben sie dir? Welche Gedanken kommen hinzu? Welche Bewertungen nimmst du vor? Woher kommen diese Bewertungen? Gäbe es nicht auch andere Möglichkeiten der Bewertung? Wie sähen sie aus? Wie würdest du dich dann fühlen? Was sagt dir dein Körper dazu? Wo hält dein Verstand noch dagegen?"

Marie wusste genau, worauf Maria Magdalena hinaus wollte. Sie sprach von der Einheit im Menschen, von jenem Bereich, in dem sich Weibliches und Männliches verbinden. Die unteren Energiezentren und die oberen Energiezentren im menschlichen Körper begegneten einander. Im Herz fand der Tanz mit dem Leben statt. Es trafen sich unterschiedliche Frequenzen und Schwingungsmuster zu einem ganz besonderen Rendezvous. Und – sie wusste, man konnte die Herzschwingung messen und bildlich darstellen. Nicht dass sie das brauchte. Doch sie fand es interessant, was alles möglich ist. Vor allem war sie immer wieder überrascht, wie weit das messbare Energiefeld des Herzens eines Menschen über diesen hinausging.

Marie wollte mehr zum Treffpunkt des Seins, zum Herz wissen. Sie atmete tief, legte ihre Hände auf ihr physisches Herz und fühlte, was kam. Danach beobachtete sie ihre Gedanken dazu. Was zeigte sich?

Maria Magdalena merkte, dass Marie schon sehr geübt war. Sie war am richtigen Weg. Es bedurfte nur einer kleinen Ergänzung und einer kurzen Auffrischung dessen, was sie schon erkannt hatte. Es wurde also eine leichtere Etappe. Auch gut, dachte Maria Magdalena.

„Was ich dir mitgebe, ist folgendes. Gehe in das bewusste Innehalte, wenn es dich zu sehr denkt und zu sehr fühlt. Innehalte, atmen in die Tiefen deines Seins und beides damit beruhigen, Gefühl und Verstand. Gedanken- und Gefühlsstille erreichst du durch schlichte und unvoreingenommene Beobachtung. Beobachtung ist Nicht-Identifikation. Du lässt die Gedanken und die Gefühle wie Menschen auf einem großen Platz an dir vorbeispazieren. Du nimmst wahr, doch du gehst ja auch nicht auf jede und jeden zu und sprichst sie an. Wenn, dann machst du das sehr gezielt. Ansonsten bist du im Gewahrsein. Das ist die weibliche Seite. Sie beobachtet und gibt sich hin. Beim Denken gibt es ja keine Hingabe. Das Ich (Verstand) spricht mit dem Selbst(Sein). Das ist keine Hingabe. Wenn du jedoch das Vorbeispazieren, das Flanieren deiner Gedanken akzeptierst, als ein Flanieren, nicht mehr, nicht weniger, dann gibst du dich an den kosmischen Moment hin. Es ist was es ist. Und das ist eine Form von Liebe. Wenn du also unbewusst auf deine Gedanken und Gefühle einsteigst, dann erinnere dich deines Atems. Damit kommst du rasch und immer in die Beobachtung. Spüre die Augen von Innen – wer schaut? Es ist das Göttliche in dir, das schaut. Es ist pure Beobachtung. Wahrnehmung als dein authentisches Selbst. Wenn die Gedanken und Gefühle dich im Griff haben, dann steuert dich das Ego. Daher: schaue aus deinem Inneren heraus. Dann schaut das Göttliche durch dich ins Äußere, beobachtet und ist gewahr, was ist. Dann steuern dich deine Gedanken und Gefühle nicht mehr. Es ist eine Leere, in der du echt und wahrhaftig bist. Es geht um deine Substanz, um deinen Kern. Du kannst üben, deine Gedanken und Gefühle zu beobachten und ihrer gewahr zu sein. Dann bist du immer mit dem gegenwärtigen Moment verbunden und weg von den eigenen Interpretationen. Dann entsteht in dir Ruhe, die du durch Atmen noch begleiten kannst. Damit gehst du noch tiefer hinein in deine Essenz, bist mit Himmel und Erde verbunden. In deinem Sein eröffnest du den Heiligen Raum in dir. Intuition wird damit die höhere Stufe von Intelligenz, die viel umfassender ist als du denken kannst. Gott spricht zu dir durch dich. Du bist frei und wahrhaftig. Dein Ego, das sich vom Widerstand und vom Kampf nährt, wird kleiner und kleiner. Es geht auf das Maß zurück, das ihm gebührt. Es muss nicht ganz gehen, denn gelegentlich ist es von Nutzen. Doch in der gebührenden Größe des Egos entsteht ein Raum in dir, den man als Herzensraum bezeichnen kann. Es ist der Ort der Verbindung aus allem. Von hier kommen Antworten, die immer richtig sind. Dann entsteht eine neue Lebenshaltung des Miteinanders. Durch Widerstandslosigkeit entsteht eine eigene, neue Welt, die Fluss zulässt und ermöglicht. Dann hast du die Möglichkeit, aus dem Gefühl und aus dem Verstand heraus gemeinsam zu agieren. Damit bist du automatisch im Herz. Du musst das gar nichts wollen. Es geschieht einfach."

Marie war in einen gleichmäßigen Schritt und einen tiefen Atemrhythmus gefallen. Sie bewegte sich aus sich heraus und war gewiss, dass sie am Kern, an ihrem Herz angekommen war – für Momente, die sie genoss. Sie war überrascht und gleichzeitig von einem tiefen Glücksgefühl erfüllt. Dabei war sie noch gar nicht in der Mitte des Labyrinths angekommen.

„Erkenne, was Inneres und Äußeres dir sagen wollen. Wo hältst du dich auf? Kannst du den Unterschied zwischen ‚dein Wille – mein Wille" erkennen, die Verbindung zwischen dem Universellen und dem Menschlichen? Dein Ego darf sich dem größeren Ganzen fügen. Es wird entlastet und erhält den Platz, der ihm zusteht. Es wird nicht weggemacht. Nein. Es erhält einen würdigen Platz. Und zu guter Letzt - was du nicht verändern kannst, nimm einfach an. Das ist die beste Voraussetzung, eine Wandlung aus dem Herzen zu ermöglichen," ergänzte Maria Magdalena mit dezentem Humor in ihrer Stimme, die Marie unter allen mittlerweile erkennen würde. Marie war das erste Mal auf ihrem gemeinsamen Weg in sich ruhend. Sie wollte nichts unbedingt. Es quälten und beschäftigten sie auch keine Gefühle. Sie wusste, was sie mitzunehmen hatte.

Das Erkennen des Unterschieds von Gefühl und Verstand, von Emotionen und von Gedanken braucht ein geübtes Unterscheidungsvermögen. Dann erst ist der Weg ins Herz frei. Dort ist unsere Heimat. Dort erhalten wir die wahren Antworten, die uns auf unserem Weg der Meisterschaft weiterbringen.

6. Wissen und Weisheit: Zwei vom Selben?

∞

Als Intellektuelle, langjährige Wissenschafterin und Forscherin war Marie nach wie vor das Wissen um ihr Sein wesentlich. Sie galt als belesen, als neugierig, interessiert und sehr offen. Nie stand ihr Geist still. Sie hatte einen großen Wissensdurst, der weit über klassische Fachbereiche hinausging. Je scheinbar exotischer, umso besser. Wer legte Wissen als solches fest? Wer sagt, was Wissenschaft ist? Marie war immer pointiert und provokant, weil sie auch wusste, dass mit Wissen Politik und Machtspiele aller Art getrieben wurden. Festgelegtes Wissen legte auch fest, wer dazugehörte und wer draußen zu bleiben hatte. Marie gab nichts auf diese menschengemachten Grenzen. Sie war und ist Pionierin und überschritt gerne Grenzen, um neu zu verbinden. Dahinter verbargen sich immer die interessantesten Erkenntnisse. Dabei konnte Marie sich soweit in eine Materie vertiefen, dass es ihr möglich war, die Querverbindungen und Knotenpunkte, die Parallelitäten und die Synchronizitäten zu identifizieren und weiterzuentwickeln. Nie hatte sie nur ein Gebiet interessiert. Sie hatte Fragen, die sie beantworten wollte – gleich, aus welchem Bereich das Wissen für diese Antworten kam.

Maria Magdalena schätzte dies, weil sie vieles nicht erklären musste. So konnte sie auf ihrer nächsten Etappe auf einen Schlüsselsatz eingehen, der auch sie begleitete. Unaufgefordert begann sie ihre Ausführungen. „Wenn du dir bewusst bist, dass es das Wunder des Einen gibt, dass du, gleich wie viel du gelesen und gehört hast, dir bewusst bist, dass du weißt, dass du nichts weißt – dann hast die besten Voraussetzungen, Weisheit zu erwerben."

Marie war ein wenig geschockt von diesen Worten. Sie, die ihr Wissen und dessen Anwendung so liebte und auch so stolz war, sollte sich an dem Satz ‚ich weiß, dass ich nichts weiß' orientieren. Das stieß ihr gewaltig auf. So spirituell konnte sie gar nicht sein. Das wollte hinterfragt, ergänzt und erläutert werden.

Maria Magdalena spürte sofort den gar nicht feinen Widerstand, der ihr für Momente entgegen gebracht wurde. „Ich habe nicht gesagt, dass du dein Wissen wegwerfen sollst. Nein. Davon war nie die Rede. Das ist ein großes Missverständnis, dem viele aufsitzen. Was ich dir sagen will, ist, dass es eine göttliche Weisheit gibt, die sich dem Menschen entzieht. Nimm sie an als das, was sie ist. Zudem ist es hilfreich, immer einen leeren Tisch am Beginn eines Tages zu haben, unverstellt und nackt, mit leeren Händen zu beginnen. Hast du die Hände nicht frei, kannst du nichts nehmen. Wer kann schon wissen, was kommt? Wer kennt schon die göttliche Weisheit?"

Nun – damit kannte sich Marie, die erfahren hatte, wie rasch sich das Blatt wenden konnte, aus. Sie musste die Hände und sich als Ganze völlig leermachen, um leben zu können. Sie hatte auch erfahren, in Gottes Hand zu sein, nichts zu wissen, nichts tun zu können – schlichtes Sein – und das war schwierig genug. Ihr schlauer Verstand, ihr mächtiges Wissen waren ihr in den existentiellen Momenten keine große Hilfe. Danach erwarb sie sich viel neues Wissen, das sich grundlegend vom alten Wissen unterschied.

„Mach noch einmal klar, was Wissen und Weisheit sind, damit wir es ergänzend zusammenfügen können," bat sie Maria Magdalena.

„Wissen und Weisheit sind sich ähnlich. Es ist jedoch nicht dasselbe. Wissen suchen wir in unserer äußeren Welt, durch das Studium der Dinge, und verwahren es in unserem Inneren. Weisheit aber finden wir im Inneren und wenden sie im Äußeren an. Der Weg lautet: Wissen kommt vom Äußeren ins Innere. Weisheit geht vom Inneren ins Äußere. Weisheit ist gelebtes Wissen. Resonanz setzt Weisheit und Integrität voraus. Ohne eine klare und wahrhaftige Identität gibt es keine klaren Antworten und schon gar keine klaren Ergebnisse," stellte Maria Magdalena ruhig fest.

„Wie sieht es denn mit dem alten Wissen aus?," fragte Marie – in der Hoffnung, mehr zu erfahren.

„Das alte Wissen ist geronnene, gelebte Weisheit. Hier siehst du den Wandel vom einen in das andere.

Es ist eine besondere Form von Alchemie. Keines ist besser. Keines ist schlechter. Keines ist wichtiger als das andere. Du kannst Tiefe ohne ein Fundament nicht erreichen. Du brauchst Erfahrung und gelebtes Leben, um Schlüsse zu ziehen und dir Ableitungen zu erarbeiten. Ohne Übung gibt es keine geistige Beweglichkeit und Unabhängigkeit. Dann kannst du systematisch denken, weise unterscheiden und weise dich ausdrücken. Wenn du nur deine Höhle kennst, erschrickst du vor deinem eigenen Schatten und siehst die Sonne nicht. Du lässt dich von den zahlreichen ‚man-Sätzen', der öffentlichen Meinung und den Vorurteilen, die das Massenbewusstsein prägen, ablenken. Du erkennst nicht den Weg ins Licht. Altes Wissen hingegen hat einen universellen Anspruch, der in einer Weisheit mündet, die nicht mehr hinterfragbar ist. Sie ist einfach aus sich heraus."

Marie hielt beim Gehen inne. Sie überlegte, ließ das Gesagte auf sich wirken. „Inwieweit bin ich noch in meiner Höhle? Wo stoße ich an Wände, sehe nur den eigenen Schatten, vor dem ich erschrecke?," fragte sie sich im Stillen. Ja, sie hatte noch immer Teile, vor denen sie sich erschreckte, die hochkamen, ja – hochschossen, selbstverständlich im unpassendsten Moment. Dann begann ihr kluger Verstand auf Hochtouren zu arbeiten. Er mahlte, sortierte, unterschied und ließ beiseite. Doch das Anstoßen an ihren verbliebenen Schatten war nicht mehr sanft. Es ging mit großer

Wucht vor sich und schleuderte sie dann oft für Tage aus ihrer Mitte.

Maria Magdalena fasste sie wieder sanft am Arm, um Marie aus ihren Gedanken zu reißen. Sie musste gar nicht viel tun, blickte ihr liebevoll lächelnd in die Augen und forderte sie auf, weiter zu gehen. Marie reagierte auf die Berührung sofort. Sie wurde ihr zu einem Kompass, wo sie sich gerade befand. Wenn diese durch die Berührung ausgelöste Energie sie durchströmte, war sie rasch wieder in ihrer Mitte und fühlte sich wie in der Gegenwart einer liebenden Mutter, die sie sanft anleitete.

„Du brauchst dir keine Vorwürfe zu machen. Selbst das größte, umfangreichste Wissen macht dich nicht gefeit davor, abzufallen, abzusacken und in dichte Energien zeitweilig einzutauchen und deine bereits vorhandene Weisheit kurzzeitig zu vergessen. Doch – und dass ist deine große Chance – du hast alle Weisheit, die du jetzt brauchst, um aus diesen dichten Energien wieder herauszukommen, selbst wenn sie kurz weg scheint. Sie ist immer vorhanden und du kannst immer darauf zugreifen. Das Wissen ist wie ein Katapult, der dich in die Weisheit schleudert, manches Mal unsanft und ruckartig – doch du kommst in der jetzt vorhandenen Weisheit an, wenn du vertraust, dass du sie in dir hast. Kein Abschluss, keine Auszeichnung, keine Anerkennung im Äußeren gibt dir Weisheit. Auch der Kosmos vergibt keine akademischen Abschlüsse. Doch aus Wissen entsteht Weisheit, wenn du auch den Gang durch die Schatten, heraus aus deiner inneren Höhle deiner bisherigen Wahrnehmung, wagst."

Marie hatte aufmerksam zugehört und die Energien, die Maria Magdalena mit ihrer Berührung gab, gerne und dankbar aufgenommen. Ja, sie begegnete immer wieder dichten, uralten Energien. Ja, sie konnte diese rasch erkennen und benennen, weil sie ihr Wissen mit einem mittlerweile hohen Grad an Achtsamkeit und Bewusstsein verbunden hatte. Auch wenn sie bei dieser Erkenntnis Schmerzen zu ertragen hatte – sie war sich der Weisheit sicher, der göttlichen Weisheit, die ihr immer und ausschließlich zu verstehen gab, was der nächste Schritt im göttlichen Plan für sie war. Sie musste dafür nur dankbar sein und das tat sie mittlerweile ausgiebig. Das Göttliche weiß, was zu tun ist. Es gibt gerne, wenn sie sich vorab dafür bedankte. Da konnte kein noch so schlauer Verstand mithalten. Gleichzeitig war es für Marie eine unglaubliche Erleichterung und Entlastung.

„Du kannst noch so viel Wissen haben, wenn es nicht mit dem göttlichen Plan verbunden ist, bleibt es unnütz. Es ist wie eine Sammlung, die nicht einmal eine Struktur hat, wie Blumen, die wild auf den Tisch geworfen wurden. Oft ist scheinbar weniger Wissen hilfreicher als angelesene Bibliotheken, um den Lebensalltag zu meistern," setzte Maria Magdalena fort. „Ich will damit nicht sagen, dass du dich nicht für Neues öffnen sollst. Doch gib dir die Zeit, aus dem Wissen Weisheit werden zu lassen. Du wirst bemerken, dass die wahren Botschaften für das Leben sehr einfach sind. Sie sind deutlich, klar und untrüglich. Ansonsten wären sie nicht lebbar. Ihr Menschen versucht alles und jedes zu begründen und zu erklären. Das ist die menschliche Neugierde. Und doch werdet ihr damit nie den göttlichen Ratschluss ergründen. Er bleibt das Geheimnis schlechthin. Mit Wissen kannst du eine Grundlage schaffen. Doch mit Weisheit kommst du in die Nähe des Göttlichen."

Marie dachte immer an die Zeiten, als sie mit großer Begeisterung studiert hatte. Doch die wahren Erkenntnismomente hatte sie beim Schreiben, in der Ruhe, in der Stille, in der Natur. Da begegnete sie der Weisheit, wenn sie es nicht besser wissen wollte. Da begegnete sie auch dem Göttlichen, erhielt einen Geschmack davon, was es sein kann.

Auf dieser Etappe musste sie Maria Magdalena nicht viele Fragen stellen. Vieles war ihr bekannt, doch die feinen Bemerkungen, die scheinbar zarten Anregungen hatten eine große Kraft, sich noch mehr in die Weisheit zu begeben, sich noch vertrauensvoller von ihr tragen und führen zu lassen. Die Weisheit war auch die Stimme Gottes, die durch sie sprach und ihr den nächsten Schritt zeigte ... heraus aus der Höhle und heraus aus der Angst vor dem eigenen Schatten.

„Marie," diese erschrak, weil Maria Magdalena sie mit Namen ansprach, „Marie, die hast so viel Wissen, du hast so viele Erfahrungen, du bist dem Göttlichen begegnet und hast eine Ahnung, was es bedeutet. Vertraue noch mehr deiner Weisheit. Werde noch stärker zu einer Weise-Wartenden und Weise-Handelnden. Damit hast du die Grundlage eines geglückten Lebens. Weisheit hat mit der inneren Gewissheit zu tun, mit dem Erkennen und Akzeptieren von Rhythmen und Zyklen, von Prinzipien. Das hast du alles bereits in dir. Du musst dir dessen nur immer wieder bewusst werden. Du hast einen schier unbeschreiblichen inneren Reichtum. Deine Weisheit ermöglicht dir die Entfaltung von innerem Wissen und sie ermöglicht die Verbindung zu deinem äußeren Wissen. Du kannst eine WeisheitsWissende sein. Mache dir das bewusst und lass es auf dich wirken."

Marie war von diesen Worten zutiefst berührt. Sie hatte sich noch nie so wahrgenommen. Die Worte sanken tief in sie, breiteten sich in ihr wie angenehm warmes Wasser aus. Sie gaben ihr eine große Kraft.

„Du hast so vieles erfahren und gelernt, weise-wartend zu sein, die Zeit des scheinbaren Nichts und der scheinbaren Leere als solche zu erkennen und zur Ruhe und zur Regeneration zu nutzen. Wenn du weise-tuend bist, erkennst du den Moment, wo Aktion erforderlich ist, um eine Entwicklung auf der gewünschten Spur zu halten und den nötigen Schub zum nächsten Schritt zu geben. Das ist großartig und nicht vielen gegeben," sagte Maria Magdalena voll Freude. Sie war stolz auf Marie und sie verlieh diesem Stolz auch Ausdruck. Wer das nicht konnte, den anderen anzuerkennen als das, was sie und er ist, der war Maria Magdalena fremd. Sie honorierte die Entwicklung von Menschen. Sie freute sich, wenn sie Frauen und Männer begleiten konnte, die sich ausweiteten und vorangingen, ihrem Lebensziel näher und näher.

Marie war noch stiller geworden. Sie hatte das Gefühl, einen inneren Schatz entdeckt zu haben, der ihr so nie bewusst gewesen war. So nahm sie sich Zeit, diesen Schatz zu betrachten, ihn innerlich anzufassen, zu fühlen, zu riechen, zu schmecken, zu hören. Nein, es war kein Gold. Sie sah auch keine Edelsteine und kein Geschmeide. Es war ein ungeheures Wissen, dass sie sich angeeignet hatte und dass sich in Weisheit gewandelt hatte. Es war Alchemie im puren Sinn. Nie hatte sie dies so stark wahrgenommen wie in diesen Momenten.

Die beiden Frauen setzten sich wieder auf eine der einladenden Steinbänke. Schweigend genossen sie die Wärme der milden Sonne, die am Zenit stand. Der zarte Wind kühlte sie angenehm. Die Frühlingssonne hat auch schon ihre besondere Kraft. Miteinander zu schweigen will gelernt sein. So saßen die beiden da, still und doch in Gedanken auf einer besonderen Ebene miteinander verbunden. Marie durchströmte ein großes Glücksgefühl. Sie ließ es einfach zu.

Maria Magdalena beobachtete sie von der Seite, ihr einzigartiges Profil, die feinen Falten rund um ihre Augen, das glatte Gesicht. Sie hatte diese Frau in ihr Herz geschlossen und wollte sie gerne weiter begleiten. Von ihr ging so viel Offenheit, so viel Bereitschaft aus, sich berühren zu lassen und zu geben – gleichgültig, was sie bislang in ihren Leben erfahren hatte. Sie war eine WeisheitWissende, ein Schatz im Schatz. Selten hatte sie eine derartige Frau kennengelernt. Selten kamen Menschen dieser Qualität zu ihr. Marie war mehr denn je am Weg zu ihrer Ganzheit. Sie war zu einem sich selbsterkennenden Menschen geworden, der wusste, warum sie hier auf Erden war und diesem Weg unbeirrt folgte. Sie hatte sich und Gott ein Versprechen gegeben und war bereit, dieses zu erfüllen. Hier begegneten einander zwei Meisterinnen. Jede in ihrer Weise.

Wissen und Weisheit sind ähnlich und doch nicht gleich. Wenn Wissen durch Leben und Erfahrung gerinnt, dann hat es die Möglichkeit zu Weisheit zu werden. Dann öffnet sich die Türe für das Erkennen des göttlichen Ratschlusses.

7. Die Teile und das Ganze: Detail oder Überblick?

∞

Die beiden Frauen machten sich auf den nächsten Abschnitt ihres gemeinsamen Erkenntnisweges. Das Labyrinth war Marie vertraut geworden. Sie fühlte sich sogar irgendwie beschützt in den Heckengassen. Die Gegenwart Maria Magdalenas, das innere Wissen, im Zentrum anzukommen, am Weg dorthin wichtige Antworten zu erhalten, die ihren eigenen großen Weg maßgeblich beeinflussen würden – all das bereitete ihr eine stille Freude. Aus der großen Dynamikerin, die immer alles jetzt und gleich wissen wollte, war eine Frau geworden, die sich dem Weg in die Einheit mehr und mehr hingeben konnte. Das erleichterte ihr vieles. Marie fühlte sich schlicht ruhig und gelassen. So vieles, das in Teilen in ihr vorhanden war, fügte sich mehr und mehr zu einem Ganzen. Das war ihr nächstes Thema, das sie mit Maria Magdalena besprechen wollte. Aus der Fragestellerin war eine Gesprächspartnerin geworden, auch wenn vieles auf einer anderen Ebene als auf jener der herkömmlichen Sprache zwischen den beiden Frauen ablief.

In ihrer Zeit als Wissenschafterin hatte sich Marie immer wieder mit Fragen nach den Teilen und nach dem Ganzen befasst. Für sie waren Teile und Ganzes Ausdruck von Trennung und von Einheit. Auch hier fühlte sie den alchemistischen Prozess, der nie endete.

„Du kannst das Ganze nicht als solches erkennen und nutzen, wenn du nicht mit den Teilen vertraut bist," begann Maria Magdalena ohne Vorabfrage von Marie zu sprechen. „Das Heilend-Ganzmachende und das Trennend-Aufschlüsselnde hat immer mit Ganzwerdung zu tun. Doch oft erfordert sie vorab eine Trennung, um festzustellen, was überhaupt krank ist und vom Weg abgekommen ist. Der Brennglasblick ist ebenso wichtig wie der verbindende Blick."

Marie war dieser Zugang durchaus vertraut. Sie konnte ihn sowohl als Intellektuelle als auch als Spirituelle leicht nachvollziehen. 30 Jahre Wissenschafterin und 25 Jahre spirituelles Arbeiten wäre ansonsten nebeneinander nicht möglich gewesen. Auch ihr jahrelanges strategisches Denken und Schreiben basierte auf der Dualität von Teil und Ganzem, von ihrem Verhältnis und vom Verhältnis der Teile zueinander. Oft hatte sie die Metapher vom Adler, der den Blick hinter den Horizont hat und gleichzeitig die Maus am Boden sieht, gebraucht. Es ist ein inneres Wechselspiel. Sie wusste, dass beides ganz unterschiedliche Fähigkeiten erfordert. Beides ist in verschiedenen Phasen des Seins gefordert. Fokussierung ist ebenso wesentlich wie der Blick fürs Ganze. Es ist ein laufendes Wechselspiel zwischen dem Detail und dem Individuum auf der einen Seite und dem Ganzen und dem Kollektiv auf der anderen Seite. Beides ist eng miteinander verbunden. Heilt der Einzelne, so heilt er auch das Ganze.

Maria Magdalena konnte Maries Gedanken wahrnehmen und ihnen schweigend folgen. Es gab eben nicht nur die sprachliche Kommunikation. Wenn zwei auf der gleichen Frequenz schwingen, dann kommunizieren sie geistig. Das ist für viele nicht vorstellbar. Doch gibt es unzählige Beispiele, die dies belegen, eben weil auch der einzelne Mensch Teil des Großen Ganzen ist und Sprache nur ein Teil der gesamten Kommunikationsmöglichkeiten ist.

„Das Ganze und seine Teile haben auch mit dem Urmythos unseres Seins zu tun. Es geht dabei um das Geheimnis der Wiedervereinigung der weiblichen und männlichen Polaritäten in den Aufstieg zur Einheit," setzte Maria Magdalena fort. Marie war klar, dass in der irdischen Welt diese Trennung und der tiefe, oft unausgesprochene Wunsch nach Vereinigung sein mussten. Ansonsten wären weder Erkenntnis, noch Ausweitung und Wachstum möglich. Doch die Sehnsucht nach Balance, in welcher Form auch immer, diese Sehnsucht blieb in vielen Menschen und nur wenige konnten diese Sehnsucht bislang so richtig stillen.

„Dies ist der wahre Kern der alchemistischen Formel *‚solve et coagula'*, von löse und verbinde. Warum gibt es Teile? Weil die Trennung sehr oft herbeimanipuliert wurde und mit aller Gewalt aufrechterhalten wird. Es war im ersten Schritt eine Trennung im Seelischen, in zwei Persönlichkeiten. Daraus resultieren viele Missverständnisse zwischen Mann und Frau und in männlich-weiblichen Beziehungen. Das Grundproblem liegt im Gesellschaftlichen, das das Schwert als Ausdruck des Männlichen idealisiert und für dem Weiblichen übergeordnet und bessergestellt annimmt," folgerte Maria Magdalena mit emotionaler Stimme. So oft war sie davon betroffen gewesen. Marie hatte ähnliche Erfahrungen gemacht. Doch beiden war eines gemeinsam: sie waren keine Opfer. Die waren keine Retterinnen. Sie waren keine Täterinnen. Sie waren nicht mehr im Dramadreieck. Beide waren vor langer Zeit aus diesem Kreislauf ausgestiegen. Diese Zeit kehrte nicht mehr wieder. Sie waren beide bewusst, welche Manipulationen am Laufen waren und sie blieben diesen schlicht fern. Sie spielten beide nicht mehr mit. Dies war jedoch nur ein Aspekt der Trennung und der Ganzwerdung, der Teile und des Ganzen. Trennung an sich ist ja nicht schlecht, außer man bewertet sie als schlecht. Manchmal kann eine Trennung erforderlich sein, damit man überhaupt in der Lage ist, das Ganze als solches zu erkennen. Man fängt an und tastet sich voran.

Marie ergänzte die Gedanken. „Du meinst also, um das Ganze zu erkennen, muss man die Teile ansehen, zum wahren Leben erwecken und dann erst kann man sie zur Einheit, die immer das oberste Ziel war und ist und sein wird, zusammenfügen? Wenn die Teile in sich ganz und heil sind, dann ergibt sich die große Einheit fast von selbst?"

„Ja – das ist das große Ziel. Du musst dir die Teile ansehen, sie inkorporieren, sie schätzen und ihnen auch die Möglichkeit geben, dass sie sich fügen können. Es geht jedoch nicht nur um die Teile selbst. Du musst die Beziehungen zwischen den Teilen erkennen und offenlegen. Es nützen keine Hierarchien, denn so sind die Teile nicht miteinander verbunden. Es gibt keine Über- und Unterordnung im Kosmos. Teile für sich genommen, haben auch eine andere Bedeutung als im Verbund. Es gibt Verbindungen, die man erkennen kann, wenn man dazu bereit ist. Es gibt Knotenpunkte in Beziehungen zwischen Teilen, denen man eine Bedeutung geben kann. Doch es geht letztlich immer am Ende um das Ganze, das Gesamtbild."

„Dennoch ist es wichtig, die Teile, ihre Beziehungen zueinander zu erkennen, um letztlich das Ganze wahrnehmen und einschätzen zu können," ergänzte Marie. „Meinst du, dass Einheit in einer ausgeglichenen Partnerschaft nach einer positiven inneren Spannung und Dynamik verlangt?"

„Einheit kann nichts mit Dominanz von einem Teil und einer sogenannten besonderen Beziehung anfangen. Das funktioniert nicht. Dann gerät alles aus dem Gleichgewicht. Sieh deinen Körper an. Jedes Organ ist wichtig. Alle Organe sind in einer einzigartigen Weise miteinander verbunden. Du merkst es dann, wenn du Probleme mit einem Organ hast. Ja – du merkst es sofort, wenn du dich beispielsweise beim Gemüseschneiden an einem deiner Finger verletzt. Du merkst es, wenn du ungeschickt über einen Stein stolperst. Und du merkst es, wenn du etwas isst, was dir nicht gut tut und dir übel wird. Es muss nichts Großes sein. Es genügen Kleinigkeiten, die für sich genommen unwichtig sind. Doch auch aus einer Kleinigkeit kann eine Krankheit entstehen, wenn du dieser Kleinigkeit nicht genug Beachtung schenkst. Die Natur gibt euch unzählige Beispiele, die über den eigenen Körper hinausgehen. Lasst doch eure Fantasie spielen und ihr werdet in Fülle Beispiele erhalten, die euer Verständnis weiten und die Erkenntnisse mehren."

Marie wusste sofort, was Maria Magdalena meinte. Wie oft hatte sie sich geschnitten und dies ignoriert. Dann entzündete sich der Finger und sie hatte tagelang Schmerzen, die sich bis in den Ellenbogen ausbreiteten. Der Körper ist ein glänzendes Beispiel für den Teil und das Ganze und sein Zusammenspiel. Alles ist orchestriert. Nichts ist zu viel. Nichts ist zu wenig. Alles hatte sein Bedeutung, seine Rolle, seine Wichtigkeit. Auch in der Natur gab es so viele Beispiele, wie den Weinstock, den Boden, die Reben, die Trauben, die Pflege übers Jahr, die zeitgerechte Ernte, Sonne und Regen, den Weinbauern, die Erntehelfer, den passenden Keller, die passende Traubenmischung, die Kellertemperatur, die Geduld während der Vergärung und Lagerung – und die Menschen, die den Wein schätzten.

„Auch im Zusammenleben kannst du ersehen, was ich damit meine. Jede und jeder hat in der Gemeinschaft eine Aufgabe. Keine ist wichtiger als die andere. Für sich genommen mag die Aufgabe klein sein. Im Ganzen ist sie jedoch von gleicher Bedeutung wie eine scheinbar ach so wichtige Aufgabe. In dem Moment, wo alles von einer Person abhängt, macht sich das Ganze in seiner Existenz abhängig von einem Teil. Abhängigkeiten in einer verstärkten Ausprägung machen das Ganze verletzlich und gefährden es in seiner Existenz. Daher achte immer auf die Ausgewogenheit der Teile. Dann kann das Ganze leicht leben und sich entfalten und auch überleben," ergänzte Maria Magdalena.

Marie wusste um dieses Prinzip, weil sie es oft in Familien und bei Unternehmen sah. Alles hing vom Mann ab, vom Gründer des Unternehmens und dem Familienvater. Es tat weder ihm als Teil, noch dem Ganzen gut. Sie hatte dies immer wieder erfahren, auch bei einer ihrer Tätigkeiten. Alles war auf sie zugeschnitten gewesen. Ihr Ego fühlte sich sehr wichtig und sehr geschmeichelt. Gleichzeitig litt sie unter der Überlastung in ihrer Rolle als Führende. Ihre Mitarbeiter legten sich innerlich und äußerlich in die Hängematte. Warum auch sollten sie anders agieren? Marie stand im Feuer und war darauf auch noch stolz – solange, bis sie fast verbrannte. Als sie ging, brach das Ganze zusammen. Der Meisterstein wurde entfernt und das Gebäude entpuppte sich als substanzlos, ohne ordentliches Fundament. Daher wusste sie sehr genau um die Zusammenhänge zwischen den Teilen und dem Ganzen Bescheid.

„Es geht daher immer um die Ausgewogenheit zwischen den Teilen selbst und zwischen den Teilen und dem Ganzen. Unterschätze tragfähige Beziehungen zwischen Teilen nicht," fuhr Maria Magdalena fort.

Marie wurde bewusst, so rasch würde dieses Thema nicht durch sein. Da gab es schon nochmals einiges, um gezielt hinzublicken und auf sich wirken zu lassen. Marie hatte bislang den Beziehungen zwischen den Teilen weniger Bedeutung zugemessen. „Stabile Beziehungen *zwischen* Teilen sind daher genauso wichtig wie die Beziehungen der *Teile zum Ganzen*?", hakte sie nach.

„Ja – mindestens genauso wichtig, weil sie das Ganze mittragen. Wenn sich beispielsweise Geschwister gut verstehen und in die gleiche Richtung laufen, dann kommt das dem Ganzen, der Familie sehr zu gute. Wenn in Unternehmen Menschen sich zusammenfinden und ähnliche Interessen haben, kann das auch dem Ganzen zugutekommen. Natürlich kann es, wie alles, auch in die andere Richtung gehen und zu Zerstörung führen. Darüber will ich jedoch jetzt nicht sprechen. Ich will dir das Aufbauende zeigen," entgegnete Maria Magdalena.

So viele Jahre hatte sich Marie mit den Teilen und dem Ganzen beschäftigt – und wieder gab es neue Facetten. Selbst Meisterinnen lernen nie aus. Gerade weil sie das erkennen, sind sie Meisterinnen.

Trennung in Teile ist wesentlich, um sie als solche zu erkennen und die Beziehungen zwischen diesen Teilen zu identifizieren und zu gestalten, um immer wieder beim Ganzen anzukommen.
Keines ist wichtiger, weder der Teil noch das Ganze. Es ist ein dauernder Prozess des Spaltens und Verbindens. Das macht Leben lebendig und erneuert es, weil Beziehungen zwischen Teilen sich wandeln und damit auch das Ganze wandeln.

8. Revolution und Evolution:
Die Fiktion von schnell und langsam?

∞

Bei aller Spiritualität und Gelassenheit, die sich Marie mittlerweile angeeignet hatte, tief in ihrem Herzen war sie noch immer eine Pionierin. Das eine schloss das andere für sie nicht aus. Sie schritt voran im Leben, wie im Labyrinth. Marie wollte Neues erkunden und immer hinter bekannte Horizonte blicken. Wenn es wo hakte, konnte sie sich ärgern und wütend werden. Doch nach kurzer Zeit fragte sie sich, was das alles mit ihr zu tun hätte und was sich ihr damit zeigen wollte. Sollte sie mit dem Schwert hineinhauen oder gab es etwas anderes, das ihr eine Situation, eine Begegnung, eine Erfahrung mitteilen wollte? Manchmal verschaffte sich die Ungeduld noch immer Platz in ihr – und auch in ihrer äußeren Welt. Im Verstand war ihr vollkommen klar, dass sie sich damit mehr zerstörte als aufbaute. Doch es ist das Wesen einer Pionierin, zu experimentieren, zu scheitern, aufzustehen und wieder zu experimentieren. Solange, bis das, was sie umsetzen wollte, auch tatsächlich funktionierte. Sie ging gerne in unbekanntes Land, weil dort die Wahrheiten verborgen lagen. Ohne zu warten, begann sie laut zu denken, wie sie dies gewohnt war. „Manchmal braucht es auch den Sturm der Zerstörung, die Kraft des Reinemachens, um Neuem zum

Leben zu verhelfen. Wer den Zeitpunkt verschläft, den nimmt das Leben an der Hand und nimmt ihm und ihr das Zepter aus der Hand. Wenn es ganz heiß wird, dann kommt einem das Leben mit aller Kraft entgegen. Es gab so viele Zeichen vorab, die missachtet wurden. Ich weiß nicht, wie oft ich das erlebte."

„Ja – gelegentlich hilft es, vorzupreschen, zu springen und die Überraschung für sich zu nutzen. Und dann ist es wieder stimmiger, in Schritten voranzugehen und sich vor jedem Schritt zu fragen, was als nächsten kommen mag. Es gibt keine generelle Richtlinie, die dir dabei hilft," ergänzte Maria Magdalena.

Marie wusste, dass Maria Magdalena nur im seltensten Fall kraftvoll das Schwert erhob, und sei es das geistige Schwert. Sie war derart klug, dass sie zum Großteil Schritt für Schritt gehen konnte, weil sie gleichzeitig den Gesamtüberblick bewahrte. Zudem nahm sie sich die Zeit, die sie brauchte. Erst dann führte sie den Sprung gegebenenfalls mit großer Eleganz und Selbstverständlichkeit durch. Marie war ebenfalls weit auf ihrem persönlichen Weg, der das Pionierhafte als Wesenszug umfasste, gekommen. Es waren weniger die unvermuteten Sprünge auf ihrem Weg, sondern es war ein kraftvolles, sehr bestimmtes Voranschreiten, das ihr eigen war. Sie wollte es mit dem Herzen wissen. Marie war klar, dass gemäß dem Prinzip von Ausweitung und Wachstum eine Spannung erforderlich war, damit diese Prinzipien wirken konnten. Andernfalls hing alles wie ein lasches Band durch. Spannung, Sprünge und Schritte, das, was man heute als Evolution und Revolution bezeichnete, war für die Spannung und das Wachstum und damit für die Erfüllung des Sinns des menschlichen Seins unbedingt erforderlich. Nur wenige hatten dies bislang erfasst. Sie hauten drein, hasteten oder zögerten und verschleppten. Nichts davon forderte das Leben. Es ist das blanke Ego, das von Angst geleitet ist und das größte Hemmnis bei vielen ist. Der Mensch träumt oft unbewusst vom Federbett des Anfangs, doch er lebt in der Trennung, in der Ausweitung, in der Spannung – auch sehr oft unbewusst.

„Energie ist die Ursubstanz menschlichen Seins. Bekanntermaßen ist Energie immer in Veränderung und damit in Bewegung. Das ist ein Urprinzip – unumstößlich und bewiesen," nahm Maria Magdalena die Gedanken wieder auf. „Die Veränderung kann grundsätzlich in Form einer Evolution und in Form einer Revolution stattfinden. Du siehst, wiederum zwei Pole, zwei Extreme. Keiner ist besser. Keiner ist schlechter. Es kommt darauf an, wann was Platz greift. Evolution bedeutet, dass etwas aus sich heraus von Grund auf in die Entwicklung geht. Revolution hingegen zerstört Bestehendes, das oft starr und unbeweglich wurde. Es war schon lange nicht mehr brauchbar. Damit kann sich etwas Neues von Grund auf aufbauen. Dabei können in einer Phase durchaus beide Pole sich zeigen. Stockt etwas, geht etwas in der Entwicklung zu langsam, hat sich Altes überlebt und wurde zu lange mitgeschleppt, dann blockiert es. Es ist wie ein Felsklotz im Flusslauf. Das Wasser kann nicht weiter. Es kann nicht fließen und behindert sich selbst. Einige Zeit kann es den Felsen umfließen, doch es ist nicht die gewohnte Flussrichtung. Weil es so liebgewonnen wurde, muss es dann, um die nächste Stufe der Veränderung einzuleiten, mit Überraschung und sehr rasch gewandelt werden. Der Fels zerberstet oder ein Baum fällt auf ihn und er zerbröselt. Es gibt viele Möglichkeiten der Veränderung. Beides kann pionierhaft sein – langsam oder abrupt; selbst innerhalb eines Prozesses kann es ein Wechselspiel aus langsamen Phasen und aus unerwarteten Sprüngen geben."

Marie hatte sich so viele Jahre mit Veränderung als Wissenschafterin befasst. Es war wie eine Vorlesung, in der sie sich selbst sprechen hörte. So viel Bekanntes. So viel Vertrautes. Aus dem Mund von Maria Magdalena hörte sich das alles viel sanfter an als in ihren Vorlesungen, wo sie deutlich und mit vielen Beispielen agierte.

„Ich will meine Gedanken zu diesem Thema viel weiter fassen und ein wenig gegenüberstellen, damit das Wesen von Veränderung besser bekannt wird und auch leichter verständlich ist," erweiterte Maria Magdalena ihre Ausführungen. „Du kannst dir vorstellen, dass es das Rebellisch-Unangepasste-Sprunghafte und das Evolutionäre-Schrittartig-Lineare gibt. Die

Evolution geht in Wellen vor sich. Sie hat eine Auf- und Abbewegung, die gewissen Zyklen folgt und im Ansatz eher weiblich ist. Die Revolution ist wie ein Pfeil. Sie ist in ihrer Energie sprunghaft. Oft weiß man nicht genau, was das Ergebnis sein wird. Es gibt so viele Überraschungsmomente dabei. Sie ist eher männlich. Lass dich jedoch von den Zuordnungen nicht irritieren. Es sind Qualitäten und keine Zuordnungen zu physischen Frauen und Männern."

Für Marie war klar, dass es sich natürlich nicht um Widersprüche handelte. Wandel als Urprinzip und als Ausdruck von Veränderung und Bewegung konnte in so vielen Formen geschehen. „Manchmal hilft der kluge Verstand und er zeigt uns, was hier und jetzt zu tun ist. Manchmal drücken sich Menschen um Veränderung und hoffen, dass der Wandel ihnen aus dem Äußeren abgenommen wird. Gleichzeitig mögen viele keine Veränderung. Sie lieben ihre Komfortzonen, ihr gewohntes Umfeld. Veränderung macht ihnen Angst. Warum eigentlich?", fragte Marie.

Maria Magdalena hatte zugehört. Sie war stolz auf Marie, eine, die rasch lernte und die viel aufzuweisen hat. Mittlerweile waren sie fast am Schluss des zweiten Drittels des Labyrinths angekommen. Beide fühlten sich ob der angeregten Diskussion auf Augenhöhe frisch. Dieses Mal gab es kein Setzen. Sie wollten unausgesprochen weitergehen.

„Nun – man kann sagen, der Mensch sei ein Gewohnheitstier. Doch das ist mir zu einfach. Ich beobachte die Urangst vieler Menschen, nachdem sie das Federbett der Einheit bei ihrer Geburt verließen. Wir sind wieder bei der Urtrennung und der Grunddisposition zum Leben. Alles ist dabei zutiefst unbewusst. Viele haben davon keine Ahnung. Sie sind Geisterfahrer im eigenen Leben. Eine diffuse Angst treibt sie vor sich her. Daher sind die meisten so sehr gegen Veränderung. Sie rufen vielleicht gerne und laut nach Veränderung. Doch diese soll immer zuerst bei den anderen beginnen. Man würde dann schon folgen, wenn es eine Sicherheitsgarantie gäbe. Doch die gibt es nicht. Also entscheiden sich viele für die Angst, fürs Festhalten am Bekannten, auch wenn dieses schon tot ist und stinkt. Sie halten doch fest – auch den Kadaver ihres Daseins. Nur nicht loslassen ... Was täten sie mit leeren Händen? Für viele ist dies eine Vorstellung, die sie sich besser nicht machen. Veränderung erschreckt sie mehr als das tote Alte weiter in Händen zu halten. Doch wer keine freien Hände hat, kann nichts Neues beginnen. All das steht vor der Art, der Qualität der Veränderung, eben vor der Evolution und vor der Revolution."

„Das bedeutet, dass man erst die Urtrennung und die Urwunde bewusst heilen muss, um in die wahrhafte Veränderung zu gelangen?," schloss Marie.

„Ich wiederhole ob der Wichtigkeit: Wenn du die Urtrennung und die Urwunde erkannt hast, hast du sie schon fast geheilt. Und dann wird Veränderung zum Abenteuer, dem du dich nie entziehen kannst und willst. Dann erkennst du, dass deine Seele und dein Herz nichts mehr wollen, als sich auszuweiten, als zu wachsen, als zu blühen, als sich zu verändern," sprach Maria Magdalena mit fast leuchtender Stimme. Es war das erste Mal, dass sie richtig emotional wurde. Marie war etwas erstaunt über den Ton und die Gefühle, die diesen begleiteten.

„Das bedeutet im Umkehrschluss, dass – gleich ob Schritt für Schritt oder mit einem Sprung – Veränderung natürlich ist, und Stagnation dem Tod gleichkommt. Doch Revolutionen können doch auch lustvoll sein und Freude bereiten. Da bewegt sich etwas. Da geschieht etwas. Da kommt Neues zum Vorschein ...," entgegnete Marie.

„Natürlich kannst du es auch so sehen. Doch du bist als Pionierin eine Ausnahme. Erinnere dich, dass auch du Bereiche hast, wo du lange zögerst und es dir schönredest, bevor du der Veränderung den gebührenden Raum gibst. Erinnere dich, wo du förmlich aus dem vertrauten Nest geworfen wurdest und dich neu orientieren musstest. Es ist wie eine Geburt. Jede Geburt wird vom Kind sehr ähnlich empfunden. Gleich wie sanft und liebevoll sie ist. Sie ist für den kleinen Menschen ein Kampf auf Leben und Tod, der tief im

Unterbewussten eingeprägt ist. Daher rührt die Angst, diese tiefe Angst. Für die Mutter ist es eine andere Form von Tod. Nach den schmerzhaften Presswehen, die nicht nur das Kind in die Welt befördern, sondern den Sinn haben, dass die Mutter das Kind loslässt, damit es ein eigenständiges Wesen sein kann, fühlen viele Mütter eine große Leere. Nicht nur, weil der Bauch leer ist. Nein, auch das ganze Innere ist leer. Gleichzeitig ist jedoch die Freude über das neue Leben. Veränderung ist immer mit Widersprüchen behaftet.

Lass mich nach diesem kraftvollen Beispiel zur Veränderung zurückkommen. Wenn ich von Veränderung spreche, dann will ich nicht auffordern, Altes wegzuwerfen. Ich fordere euch alle auf, die Angst vor der Veränderung zu erkennen und zu wandeln. Das ist ein anspruchsvoller Prozess, weil es bei euch keine Anleitung dazugibt. Es bleibt sehr abstrakt, wenn ich von der Heilung und Ganzwerdung am Anbeginn eures Seins spreche. Das ist auch mit dem Verstand nur schwer vorstellbar. Du brauchst das Gefühl dafür und vor allem brauchst du den Weg ins Herz, die Bereitschaft der Begegnung mit dir selbst. Auch dafür gibt es kaum Anleitungen. Es muss ja konkret sein. Selbst wenn wir klug darüber sprechen – für die meisten bleibt es abstrakt. Wenn sie sich noch so sehr das Andere wünschen, solange die Verbindung am Beginn nicht hergestellt ist und das Wesen des menschlichen Lebens und Erlebens nicht klar ist, bleibt es ein schönes Gespräch. Wer das Wesen des Beginns von Leben und von Ausweitung nicht begreift, begreift das Leben nicht in seiner Essenz. Und damit geht jede Erklärung zu Veränderung ins Leere," schloss Maria Magdalena.

Es legten sich wieder erfrischende Momente des gemeinsamen Schweigens über das Labyrinth. Marie saß da, genoss für einige Momente die Wärme und den sanften Wind des heraufziehenden Frühlings. Ihre Begleiterin atmete tief und regelmäßig. Das Gesagte musste sich setzen.

„Das heißt," fragte Marie nach einiger Zeit, „Evolution und Revolution sind Ausführungen von Veränderung. Am Beginn ist zu begreifen, was das Wesen von Leben ist, eben Veränderung an sich?"

„So ist es. Sich über schrittweise oder sprunghafte Veränderungen Gedanken zu machen, ist erst der zweite Schritt. Es ist die Qualität, wie Veränderung geschehen kann. Oft vermischen sich die Qualitäten in einem Veränderungsprozess. Man startet mit einem Sprung und – nach einer kurzen Erholungspause – sammelt man sich und geht schrittweise weiter. Es geht darum, mit Kraft in Schwung zu kommen, sodass die Veränderung ihren Lauf nehmen kann. Man kann jedoch auch mit kleinen Schritten starten, um sich an die Veränderung zu gewöhnen und dann immer wieder größere Sprünge wagen. Es ist im Grund alles gleich-gültig, weil es sowohl von der Person als auch von der Situation abhängt. So kann eine sanfte Herangehensweise ebenso richtig sein wie das Erheben des Schwertes, das einen Knoten durchschlägt, wenn man mit dem Rücken zur Wand steht und keinen unmittelbaren Ausweg mehr hat."

Marie, die Veränderung liebte, weil sie ihr Wesen und ihre Seele liebte, hatte doch aus diesen Gedanken weitere Klarheit erhalten.

Die Seele verkörpert sich mit einem Ziel. Sie strebt immer nach Erfahrung, nach Ausweitung, nach Veränderung. Diese kann in Schritten und in Sprüngen erfolgen. Keines ist besser. Keines ist schlechter. Wesentlich ist, im Fluss zu bleiben und der Seele diese Möglichkeiten der Erfahrung und der Entwicklung zu geben.

9. Eroberung und Verführung: Tabus und Hintergründe?

∞

Die beiden Frauen waren bereits weit auf ihrem Weg gekommen. Marie war beglückt von dem, was sie bislang erfahren hatte. Die anfängliche Verwirrtheit war einer deutlich größeren Klarheit gewichen. Manches kannte sie natürlich, doch es war immer wieder etwas anderes, wenn sie die Gedanken aus dem Mund eines anderen Menschen hörte, weil neue Erfahrungen und Erkenntnisse mitschwangen. Gespräche und Zuhören waren wichtige Möglichkeiten für sie, sich als Mensch und als Frau auszuweiten und zu wachsen.

Sie wollte sich nun an ein Thema wagen, das oft tabuisiert wurde. Doch – und dessen war sie sich bewusst, bewusst gelebt, ging es dabei um einen wesentlichen Aspekt der Essenz von Leben. Die vor Jahrtausenden vorgenommene Trennung in Mann und Frau, die als scheinbar unvereinbare Gegensätze voreinander stehen, wurde vor allem über die Sexualität getrennt. Liebe und Sexualität wurden regelrecht auseinandergerissen. Aus dem ursprünglich heiligen Akt wurde in der Trennung etwas Verbotenes, Abgründiges, Schmutziges, etwas mit allen Mitteln zu Verdrängendes und Verdrängtes. Wenn die Vereinigung nicht zur Schaffung von neuem Leben diente, wurde sie ausgegrenzt, tabuisiert und abgewertet. Sie wurde nicht mehr als grundsätzlich schöpferischer, heiliger Akt begriffen und letztlich auf die Erschaffung von menschlichem Leben reduziert. Aus einer der höchsten spirituellen Energiearbeiten wurde ein mechanischer Akt zur Reproduktion der menschlichen Spezies. Vielleicht durfte noch etwas Lustbefriedigung dabei sein. Doch die Essenz der Göttlichkeit und der Schöpfung, die war mehrheitlich verloren gegangen. Selbst Praktiken wie Tantra waren zum Großteil oberflächliche, mehr von Neugierde getriebene Aktivitäten, denn ein Weg, der zum Eigentlichen wieder zurückführte.

Die Trennung in männlich und weiblich führte zudem zu einer sehr starken Begrenzung und Verengung von etwas im Grunde Heiligen. Doch es gab so viel mehr, das sich aus dieser Trennung ergab. Frauen wuchsen damit auf, dass Sexualität nur über Liebe möglich ist. Männer hingegen wurden vom Satz geprägt, dass Sexualität nur ohne Liebe möglich sei. Damit war ihr Gefühl kollektiv von Beginn verschlossen. Wie konnten diese Gegensätze, die zu derart viel kollektivem Unglück über Jahrtausende geführt hatten, gelöst werden? Gab es überhaupt eine Lösung dafür? Dazu wollte Marie mehr wissen. Vor allem wollte sie wissen, was sie, Marie, beitragen kann, um die Trennung zu heilen. Alles war mit allem verbunden. Marie wusste, dass sie der Tropfen im Ozean ebenso war wie der Ozean selbst. Was sie für sich und in sich heilte, heilte sie auch für das Ganze. Dazu war sie auch hier.

Gleichzeitig wusste Marie, dass, wenn immer sie ihre andere Hälfte suchte, ihre Ergänzung fand, so wurde sie nach jeder Erfüllung unglücklicher und unruhiger. Warum war dies so? Was lag dahinter?

Maria Magdalena, die oft in Schriften und Überlieferungen dafür angefeindet wurde, dass sie ihr Gegenüber gefunden und die Partnerschaft gesamthaft gelebt hatte, freute sich, ihre Gedanken dazu weitergeben zu können und mit manch tiefem Missverständnis aufräumen zu können.

„Lass mich mit etwas sehr Grundsätzlichem beginnen. Ihr nennt es die Archetypen. Wie dir bekannt ist, gibt es weibliche und männliche Rollen und dafür gibt es Modelle und Beispiele. Ich will dir ein paar Namen nennen, damit du Orientierung hast.

Du kennst Eva als vermeintliche Urfrau. Dann ist da natürlich Maria als Ausdruck für das Urmütterliche. So hat man es euch weitergegeben und den eigentlichen Beginn gekonnt verschwiegen. Wenn du in die Schriften blickst, wirst du unzählige Frauen finden. Ich will dir jedoch über eine andere Frau erzählen, die oft totgeschwiegen ist - Lilith. Sie ist für mich die eigentliche Urfrau. Ihr Schicksal gibt eine Erklärung für die Trennung und für die unsäglichen Folgen für uns alle – über Jahrtausende hinweg. Wenn du deinen Beitrag zur Lösung geben willst, dann musst du Lilith und ihre Geschichte kennen – fern der bekannten Bücher."

Marie freute sich, dass Lilith angesprochen wurde. Auch für sie war Lilith der eigentliche Beginn, der Auslöser, dass es zur Trennung zwischen Männlichem und Weiblichem kam und damit zum großen Konflikt zwischen Mann und Frau, zwischen Mensch und Gott. Maria Magdalena setzte ihre ausführlichen Gedanken zu Lilith fort.

„Lilith ist eine der geheimnisvollsten und sagenumwobensten Figuren der ungeschriebenen und mehr erahnten Teile der Menschheitsgeschichte. Sie gilt als einer der größten Mythen, geschaffen aus ihrem Gegenstück. Als völlig gleichberechtigtes und ebenbürtiges Wesen verstand sie sich. Du hörst – Ebenbürtigkeit von Wesen. Unterordnung – gleich welcher Art - war ihr völlig fremd. Sie war eine stolze, selbstbewusste Frau, die für sich eigenverantwortlich war. Keiner anderen wurde so viel Schuld angehängt wie ihr; keine andere Frauengestalt wurde so oft in der Bedeutung missbraucht und missdeutet wie sie – und sie ließ es über sich ergehen. Gleichzeitig wusste sie sich zu wehren. Doch das bekam ihr nicht gut.

Viele Jahrhunderte wurde sie verschwiegen und zur Seite gedrängt. Sie war nichtexistent oder wurde pervertiert und in einer entstellten und entstellenden Weise preisgegeben. Sie wurde als die verruchte Verführerin und widerspenstige Gottesgegnerin gezeigt. Damit wurde sie zum negativen Pendant des Mannes, desjenigen, den sie über alles liebte, bewunderte und verehrte – als gleichwertiges und ebenbürtiges Wesen.

Wie und warum kam dies so? Bis vor einigen tausend Jahren wurde das Matriarchat als übliche Form des Zusammenlebens gelebt. Lege dich nicht auf eine exakte Jahreszahl fest. Das ist völlig unwichtig. Folge vielmehr der Grundbotschaft. Lass dich auch nicht von geschönten und verfemten Geschichten über Lilith und die Frau an sich irritieren. Frauen hatten im Matriarchat die Rolle des Familienvorstandes; sie wurden verehrt, weil sie Leben schenkten. Es gab ganz natürliche Rhythmen des Lebens. Sie gibt es auch heute noch. Jedoch wurden sie beiseitegeschoben. Der Mensch griff mehr und mehr ein. Was immer dann geschah und warum, wir wissen es heute nicht mehr. Frauen missbrauchten ihre Macht. Sie fielen aus ihrer ursprünglichen Rolle heraus. So war es geradezu natürlich, dass sich ein kollektiver Hass des Mannes auf die Frau entwickelte. Tiefe Verletzungen, die sich noch heute beobachten lassen, wurden damals verursacht. Um sich vor weiteren Übergriffen durch die Frauen zu schützen, mussten sich Männer ein Verhalten überlegen, mit dem die Frauen beherrscht werden konnten. Der Zwist war geboren. Der große Konflikt hatte die Bühne der Menschheit betreten. Polarität und ein aus der Ebenbürtigkeit Herausfallen waren die Folge. Die Integration und die Einheit wurden verlassen.

Hier stehen wir, an der Schwelle der Zeit. Das weibliche Kollektiv ist nach wie vor von einem ausgeprägten Schuldgefühl geprägt. Das männliche Kollektiv weiß um dieses Schuldgefühl Bescheid. Oft unbewusst, selten bewusst. Man nennt das den kollektiven Schmerzkörper. Dazu will ich dir später Wichtiges mitgeben. Hier sind viele und tiefe Wissensdefizite. Lass uns bei dem generellen Schuldgefühl vorerst verbleiben. Dieses Schuldgefühl war die Grundlage, sich als Frau demütigen und unterdrücken zu lassen. Angst auf der einen Seite, Schuldgefühle auf der anderen Seite. Dies ist eine Mischung, die das Kollektiv nachhaltig beeinflusste und kein gesundes Miteinander entstehen ließ.

Die Trennung, die Schuldgefühle und die Machtübernahme durch den Mann führten dazu, dass man die Frau vollkommen verdreht wiedergab. Sie wurde zu einem Machtinstrument. Der eigene Machtmissbrauch führte zum Missbrauch durch die andere Seite. Lilith spielt als Figur und Energie auch ihre Rolle. Die innige Verbindung nach oben half Lilith, nicht ganz vergessen und verdrängt zu werden. In höchster Bedrängnis rief sie den geheimen Namen dessen aus und flog davon. Im Namen drückt sich das Wesen einer Persönlichkeit aus. Etwas und jemand beim Namen zu nennen, heißt die Wahrhaftigkeit zu wünschen, die alles Böse eliminiert. Die Anrufung eines Namens holt die Energie des Trägers herbei. Sie ist mächtig und galt als verboten. Doch Lilith setzte sich in ihrer tiefen Verzweiflung über dieses Verbot hinweg. Die Strafe für Lilith war unerbittlich. Sie wurde ins Meer geworfen, verdrängt und ertränkt. Gleichzeitig wurde sie ins Gefühl geworfen. Dies nahm immer drastischere und verzerrte Formen an. Die Liebe ging dabei vollkommen verloren. Lilith, die einen grundlegenden Anspruch auf Ebenbürtigkeit verkörpert, ging ebenfalls verloren. Sie wurde vergessen. Doch ihre Energie blieb. Sie konnte nicht verloren gehen."

Marie hatte aufmerksam die ihr so gut bekannte Geschichte gehört. Sie hatte jahrelang dazu die verschiedenen Versionen zu Lilith gesucht und studiert. Aus dem Mund von Maria Magdalena klang sie noch dramatischer, noch deutlicher als wenn man sie so dahinliest. Alle Facetten kamen stark zum Tragen und wurden überdeutlich. Marie atmete tief durch, ließ die Geschichte auf sich wirken und wartete gespannt, was nun kommen würde. Maria Magdalenas Stimme wurde eindringlich, als sie fortsetzte, denn die Geschichte nahm einen neuen Anfang.

„Lilith wurde nicht nur im Äußeren von ihrem männlichen Gegenstück getrennt, sondern sie wurde auch in sich getrennt. Sie war gespalten in einen angepassten, dienenden Teil und in einen rebellischen, verderbenbringenden Teil. Es gab also eine ‚doppelte Trennung'. Dabei handelt es sich auch um innere Teile, die in jeder Frau existieren. Die Spaltung war perfekt. Was konnte Besseres für das Kollektiv der Männer passieren (aus ihrer Sicht)? Unentdeckt blieb dabei viele Jahrhunderte, dass sich auch der Mann einer wesentlichen Facette beraubt hatte. Jedoch, da schaut man auch heute nur sehr ungern hin. Die innere Zerrissenheit, das dauerhafte kulturelle Urmisstrauen, das Männer Frauen gegenüber aussprachen – all dies und manches mehr begründete die männliche Scheinüberlegenheit. Denn: an der Gleichwertigkeit an sich hatte sich ja nichts geändert. Es war die Wahrnehmung davon und das, was man damit machte, das sich verändert hatte.

Viele trugen dazu bei, dass die weiblichen Stärken verschüttet und verleugnet wurden. Die weibliche Kraft wurde zur Bedrohung für das Männliche stilisiert. Daher musste diese einzigartige Kraft unterdrückt werden und, wenn nötig, ausgemerzt werden. Die ‚doppelte Trennung' nahm ihren Lauf und beeinflusste Generationen. Rollenbilder wurden entworfen, die auch allgemein akzeptiert wurden und sich verfestigten. Die brave, angepasste, sorgende Frau auf der einen Seite, die auch entsprach, sich im Hintergrund hielt, diente und ertrug. Die geheimnisvolle, kraftvolle, kreative, auch dämonische Frau der anderen Seite, die eben nicht entsprach und die auch nicht schweigend ertrug. Sie war und ist die Unangepasste und auch die Unanpassbare. Sie holte man sich ins Schlafgemach. Doch man ging mit ihr keine langfristige Beziehung ein. Die nächsten Rollen waren geboren und wurden als unversöhnlich, als unvereinbar hingestellt.

Die geliebte Frau, die gab es nicht mehr. Du siehst – die ‚doppelte Trennung' führte zu einer wahren Lawine an weiteren Trennungen. Ich fühlte das auch in mir und wurde – so wie du – ebenfalls stigmatisiert und in eine Rolle gedrängt. Ob ich ihr entsprach oder nicht, ob ich sie annehmen wollte oder nicht – das wurde nie gefragt. Du kennst das Gefühl sehr gut."

Maria Magdalena hielt inne, musste sich fassen, denn die Geschichte der Lilith war eine Geschichte, die jede Frau in sich trug – bewusst und unbewusst. Sexualität und Liebe waren für viele Frauen innerlich verbunden. Doch die Wunde, die Lilith-Wunde, saß in allen Frauen unbewusst, tief, schmerzhaft. Der kollektive Schmerzkörper, der vielen Frauen unbekannt war, tat das seine, sodass Frauen von einem Grundschmerz durchdrungen waren und noch immer sind – ohne den wahren Grund dafür zu erkennen. Wie konnte dieser dann gewandelt werden? Es wartete noch viel Arbeit für das Kollektiv der Frauen, um in sich selbst heil zu werden.

So gingen die beiden für einige Zeit schweigend nebeneinander her. Jede war mit ihrer eigenen Geschichte befasst. Sie fühlten nach, wie es ihnen ergangen war. Wut, Traurigkeit, Angst, tiefer Schmerz, Bestürzung und Rebellion mischten sich in beiden. Doch sie wussten, ohne es aussprechen zu müssen: Es ist jetzt die Zeit, diese Trennung zu überwinden. Es ist jetzt Zeit, als weibliches Kollektiv zu heilen, gleich wie intensiv es werden würde. Jede konnte dazu ihren persönlichen Beitrag leisten.

Doch zuvor machte Maria Magdalena noch einiges deutlich.

„Diese Seite der Weiblichkeit, die Lilith verkörpert, steht für so vieles. Ich will dazu noch einiges sagen, weil auch hier so viele Missverständnisse vorliegen. Was darf sein, was darf nicht sein? ... Wer legt das fest?

Das Weibliche ist so vielschichtig wie das Männliche. Doch ist das Weibliche durch die lange Ausgrenzung und Unterdrückung unbekannt. Das Weibliche umfasst auch die instinkthafte Kraft der Durchsetzung, das Kämpferische, den emotionaler Mut, die Verletzung und Ablehnung der eigenen Impulsträchtigkeit, die Handlungsfähigkeit im Leben, den Geburtskanal; auch Mut, Initiative, Tatkraft, Egozentrik, Triebhaftigkeit, Energieumsetzung, Durchsetzungskraft, Handlungsfähigkeit, Aggression und die Initiative des Handelns sind Teil des Weiblichen. Es ist der verletzte Selbstwert und die Anziehung und Ablehnung von Besitz, das Urweibliche, das zum Kapital wird, die Versicherung, die Gier des Menschen nach materiellem Besitz und der Schmerz bei Verlust. Es sind die bedrohlichen Gefühle, die vom kalten Intellekt überdeckt werden. Der Mangel an Vertrauen in die eigene Weisheit. Das Reden und Schweigen als Waffe und die emotionale Kraft der Sprache. Die Lilithkraft steht für ein dauerhaftes Verlassen der Norm und für die Distanzierung von kollektiven Erwartungen der Familie und der Gesellschaft; sie ist die instinkthafte Kraft der Mutter und die Angst vor der eigenen Mutter und der eigenen Mütterlichkeit. Sie ist die Kreativität mit archaischen Mitteln, der verletzte Stolz und die Radikalisierung der Selbstverwirklichung, und die kreative Entfaltung. Lilith nennt man oft die Madonna und die Hure, die Reine und die Befleckte, die Außenseiterin, die wahre Seelenführerin, der Ausdruck aller Empfindungen, der seelische Ausdruck über den Körper. Sie ist die Angst vor der eigenen Anziehungskraft und den eigenen magischen Fähigkeiten. Der Meinungsaustausch, Bildung, das Andersartige und der fremde Mythos stehen in ihrem Bereich. Auch die Angst vor der Verantwortung, vor den Ideen, der Wunsch nach Eins-Sein mit dem Plan des Schöpfers gehören zu ihr."

Marie war fast erschrocken über die Deutlichkeit der Worte, über die Vielschichtigkeit, die in jeder Frau schlummerte. Dabei war ihr klar, dass dieses unangepasste und unanpassbare Weibliche mit aller Kraft wieder hervorbrechen musste. Dieser Aspekt des Weiblichen konfrontiert einen mit allen Geheimnissen, solange bis man nach der eigenen wahren Stärke sucht. Diese Stärke zeigt sich über Erfahrungen und über den Schmerz des Mangels, des Unerfüllten und doch Erfüllbaren. Sie ist die tiefste Angst und gleichzeitig die größte Sehnsucht. Sie bietet die Möglichkeit des Verstehens und sie tut dies über einen Mythos.

Sie zeigt das Unvermögen des einen Teils des Weiblichen, die eigenen Stärken zu erkennen, anzunehmen und auch umzusetzen. Sie zeigt den Schmerz in einem, immer noch nicht anerkannt und geliebt zu sein. Alles gemeinsam gibt ein Ganzes, das sich in allen Menschen wiederfindet.

Marie war erschrocken und fasziniert von dieser Urkraft, die Lilith repräsentierte und die Maria Magdalena ganz natürlich ansprach. Und sie wusste – diese Urkraft gab es auch auf der männlichen Seite.

„Kannst du mir ein Beispiel für das männliche Pendant von Lilith geben?".

„Nun denn – es gibt zwar die Grundqualitäten auch auf der männlichen Seite, doch es gab im Männlichen nie diese gewaltsame ‚doppelte Trennung'. Ja, der Mann hat Rollen, die er einnimmt: der Junge, der Mann, der Vater, der Liebhaber, der Geliebte, der Urvater, der Versorger, der Führer, der Held. Doch die Trennung in sich wurde beim Mann nie in der Art wie bei der Frau vollzogen. Damit stellen sich viele Fragen, die sich Frauen stellen, gar nicht. Es ist viel selbstverständlicher für den Mann, die Rollen nahezu natürlich zu leben. Auch die Übergänge sind viel fließender als bei der Frau. Doch auch der Mann trägt eine große Wunde in sich, nämlich dass Sexualität und Liebe, also das tiefe Gefühl, miteinander unvereinbar sind," führte Maria Magdalena aus. Sie hatte das Empfinden, dass bislang zu viel über das Männliche gesprochen und geschrieben wurde. Der Mann war zur Krone der Schöpfung – wie der Verstand – erhoben worden. Doch alleine war er nichts. Wie die Frau alleine auch nichts war. Sie wollte nicht bereits Gesagtem Leerformeln hinzufügen. Es gab Wichtigeres.

„Lass uns über das Wesen von Sexualität sprechen. Das hattest du doch am Beginn dieser Etappe im Herzen. Ja - Sexualität ist doch ein Kernelement zwischen dem Männlichen und Weiblichen und man versteht sie nur aus der Geschichte der Lilith heraus. Warum ist Sexualität, die als heiliger und damit heilender Akt begriffen wurde, so verteufelt worden? Was geschehen? Warum gilt Verführung als dunkel und Eroberung als hell?," stellte Maria Magdalena in den Raum zwischen sich und Marie. Sie wusste, dass dies Fragen sind, die viele Menschen immer wieder beschäftigten. Sie sprach ihre Gedanken dazu klar und deutlich aus und zeigte Marie einige durchaus neue Hintergründe, die es galt, zu erkennen und zu verstehen.

„Ich hatte ja bereits über diese gegenläufige, kollektive Prägung und Trennung zwischen Liebe und Sexualität gesprochen. Dies ist wichtig, zu erkennen. Denn hier liegen Urkonflikte und viel Unglück begraben. Dabei geschah es dann oft, dass Frauen, die ihre Beziehung mit ihrer männlichen Seite in sich intakt hielten, besonders geprägt wurden, weil die sexuellen Verbindungen mit allen anderen Männern unterdrückt wurden. Frauen neigen viel mehr als Männer dazu, sich einem Mann exklusiv hinzugeben und die Beziehung zu hegen. Männer, die ihre Verbindung mit ihrer weiblichen Seite in sich blockierten, können auch Beziehungen zu anderen Frauen eingehen. Sie neigen dazu, den weiblichen Teil in sich zu unterdrücken und zuzuschließen. Dieses Verschließen erfolgt vor allem dadurch, als sie sich auch mit anderen Frauen zusammentun. Dies ist nur eine andere Spielform dieses kollektiven Urmissverständnisses in der tiefen Prägung von Mann und Frau. Damit ergaben sich vollkommen gegensätzliche innere Prägungen, die den Konflikt auf maximaler Ebene über Jahrtausende in Spannung hielten," legte Maria Magdalena dar. Es waren delikate und gleichzeitig sehr wichtige Gedanken, weil sie den Weg in eine mögliche Einheit zeigten.

Marie wiederholte diese Urprägung nochmals mit einer Frage: „Bedeutet das, dass Frauen nur Liebe ohne Sexualität gestattet wurde? Dass sie nur unter ganz besonderen Umständen, wenn sie Vertrauen gefasst hatten, bereit waren, ihre sexuelle Energie mit Liebe zu verbinden und zu verströmen?"

„So ist es. Beim Mann ist es genau umgekehrt. Du kannst dir vorstellen, wie schwierig es ist, dass die beiden zusammenkommen – auf gleicher Ebene," ergänzte Maria Magdalena.

Sie gingen langsam weiter. In Marie wirkten diese Gedanken nach. Ihr wurde die Tragweite dieser Verstrickungen immer bewusster. Sie wollte noch ein wenig tiefer ins Kollektiv und die vielen Missverständnisse eintauchen. Vor allem im Lichte der Urbedeutung von Sexualität als göttlich-schöpferischer Akt bekamen diese Gedanken eine neue Dimension.

„Du hast vorher etwas zu kollektiven Einprägungen angesprochen. Ich verstehe das als den Schmerzkörper, den wir alle mit uns tragen. Erzähle auch etwas zum weiblichen Schmerzkörper. Das halte ich für sehr wichtig, weil er uns Frauen begleitet, ohne dass wir viel darüber wissen," erbat Marie nähere Ausführungen.

„Wir wissen, dass es neben der Unterdrückung der Frau auch viel Gewalt gegen Frauen über Jahrtausende gab. Es gibt etwas in uns Frauen, das man den kollektiven Schmerzkörper nennt. Natürlich haben auch Männer diesen eigenen kollektiven Schmerzkörper. Es ist bei beiden ein imaginärer Speicher von unzähligen Erfahrungen. Er sichert dem Ego die Existenz. Wenn du ihn erkennst, kannst du ihn heilen. Du leistest damit als Einzelwesen einen wichtigen Beitrag für das Ganze."

Marie hatte viel über den kollektiven Schmerzkörper, über Verführung und Eroberung gelesen. Sie wusste, dass Männer wie Frauen unter diesem unbewussten Schmerz litten. Sie wusste, dass die Heilung, die Wiederganzmachung der Sexualität auf beiden Seiten eng mit dem Schmerzkörper verbunden war.

„Wie kann diese Heilung vor sich gehen? Das ist doch eine ganz entscheidende Frage für uns alle," wollte Marie von Maria Magdalena wissen.

„Nun, im Grunde ist es einfach. Wenn du dir dieses kollektiven Schmerzgedächtnisses bewusst bist, dann hast du den wesentlichen Schritt getan. Immer wenn du eine schmerzhafte Erinnerung hast, fütterst du das Ego und damit deinen und den kollektiven Schmerzkörper. Beide sind miteinander verbunden. Frage dich also, wenn alte Emotionen sich zeigen – was will mir das jetzt sagen? Das Ego wird sich furchtbar ärgern, denn es nährt sich von Schmerz und Leid. Doch deine Seele wird innehalten und schauen, nur schauen, was sich zeigt. Frei von Bewertung. Sie wird Kraft ihres Unterscheidungsvermögens erkennen, aha – das ist etwas Altes, das hat nichts mit dem Jetzt zu tun. Damit alleine bekommt dein Ego nicht mehr die Nahrung, die es so liebt. Es wird sich Tricks überlegen und dich immer wieder prüfen. Das Ego ist unglaublich erfinderisch und wird sich in verschiedenen Verkleidungen zeigen. Ihm ist jeder Bereich gleich lieb, wo es sich nähren kann. Doch die Beziehung zwischen dem Männlichen und Weiblichen ist ihm am liebsten, weil die Nähe und Intimität den besten Nährboden für das Ego mit seinem Schmerz- und Leidbedürfnis bilden. Es muss nicht einmal in der Beziehung stattfinden. Oft kommt Nahrung aus dem Äußeren über Gespräche, übers Lesen und Sehen. Nahrung kann auch über Klänge und Gerüche kommen. Genauso oft ist der Schmerzkörper unterdrückt und damit umso gefährlicher. Lange Zeit schläft er dahin und dann bricht er mit aller Gewalt plötzlich und unvermutet hervor."

Marie, die sich mit dem Schmerzkörper viel und oft auseinandergesetzt hatte, weil sie natürlich auch selbst davon betroffen war, hakte nach: „Was können denn die Auslöser sein? Das zu wissen, ist für uns so wichtig, damit wir nicht in die Falle hineintappen und wenn es doch geschieht, einen Weg aus der Falle herausfinden?"

„Du brauchst nur deinen Körper besser zu beobachten und mit deinen Gedanken, deinen inneren Bildern und Gefühlen in Verbindung zu bringen. Meistens ist es die gleiche oder zumindest ähnliche Abfolge, die in dir, in euch abläuft. Es ist, wenn du den Ablauf erkennst, relativ einfach, ihn zu lösen und aus der sich wiederholenden Dramatik auszusteigen. Das verlangt einiges an Ruhe und Bewusstsein. Es geht dabei nicht um ein oberflächliches Unglücklichsein, sondern um den tiefer liegenden alten Schmerz, der, wie eine Saite, durch vielerlei ausgelöst werden kann. Es können auch zum Beispiel Gerüche und ein Geschmack sein, die deinen Schmerzkörper aktivieren, weil du damit etwas Erfahrenes Unangenehmes verbindest."

Marie war sich bewusst, dass sie ihr Thema von Eroberung und Verführung sehr weit gefasst hatten. Sie empfand es als Thema, das über die Sexualität hinausgeht und auch Lust, Freude und Schmerz umfasst. Und sie wusste – der weibliche und der männliche Schmerzkörper war am Weg zur Heilung, zur Ganzwerdung ein Schlüssel. Daher musste sie ihn in seiner Vielschichtigkeit begreifen und betrachten. Nur wenn ihr die Erfassung gelang, hatte sie eine Möglichkeit, sich daraus zu lösen und damit ihren Einzelbeitrag für die kollektive Heilung zu leisten. Das wollte sie. Sie wollte mit dem Herzen die gesamte Dramatik erfassen, ohne sich von ihr verschlingen zu lassen.

„Wie kann ich den Schmerzkörper heilen? Das ist doch wohl eine der Schlüsselfragen auf unserer Etappe …," fragte Marie leise.

„Wie ich schon vorher sagte – es ist einfach. Die Lösung liegt im Bewusstsein und in der Achtsamkeit. Halte inne, bevor du re-agierst. Atme durch, bevor du handelst. Vielleicht ist gar keine Handlung, vor allem keine gewohnte Handlung erforderlich. Die füttert ansonsten wieder dein Ego. Innehalten, durchatmen, auch wenn es noch so schwer im Moment fällt. Es lohnt, es zu versuchen. Nimm es wie vorbeigehende Menschen wahr. Der Schmerzkörper mag Bewusstsein und Achtsamkeit nicht. Doch wenn du dranbleibst, wird er immer kleiner und weniger wichtig. Du brauchst nicht gegen ihn anzukämpfen. Auch damit würdest du ihn füttern, denn du richtest deine Aufmerksamkeit auf ihn aus. Wenn es dir gelingt, im ersten Schritt innezuhalten und nicht gewohnt zu reagieren, dann hast du einen wesentlichen Schritt getan. Geh weiter, nimm mit den Augen der Liebe wahr. Das klingt einfach, doch auch hier gilt die Einfachheit als Gelinggarantie. Es verwebt sich das Bewusstsein mit Achtsamkeit, mit Atem, mit Innehalten und schlichtem Sein. Und dann – irgendwann – bemerkst du – das Alte ist weg. Der Schmerzkörper ist verschwunden. Dann hast du die besten Voraussetzungen, um in ein freies Spiel aus Verführung und Eroberung, aus Weiblichem und Männlichen einzusteigen und sich diesem Spiel hinzugeben."

Marie blieb stehen und war von der Einfachheit der Worte beeindruckt – nach diesem intensiven und sehr vielschichtigen Abschnitt ihres gemeinsamen Weges. Mehr und mehr wurde ihr klar, dass alles in ihr lag, dass ihr Beitrag für das große Ganze wichtig war, ohne dass sie damit ihr Ego fütterte, das sich natürlich immer wieder wichtigmachte. Indem sie sich ihres Egos bewusst war, hatte sie einen wesentlichen Teil der Lösung bereits gemeistert.

∞

Wenn man der Weiblichkeit den ebenbürtigen Rang zum Männlichen geben will, dann muss man mit Tabus brechen, Trennungen erkennen und wandeln. Die Heilung des kollektiven Schmerzkörpers hat dabei eine weitere Schlüsselrolle. Sexualität ist in der verbundenen Sichtweise wieder als heiliger Akt, als Schöpfungsakt zu verstehen und zu leben.

10. Das Väterliche und das Mütterliche: Zwischen Mut und Schutz?

∞

Langsam näherten sich Marie und ihre Begleiterin dem Zentrum des Labyrinths. Sie hatten viele Facetten des menschlichen Seins durchwandert, besprochen und betrachtet. Nun waren sie beim Väterlichen und beim Mütterlichen angekommen. Für Marie war dies ein wesentliches Thema, nicht nur, weil sie ihre Eltern liebte und selbst Mutter war. Sie hatte viel Erfahrung mit Menschen, die die unterschiedlichen Rollen, die Menschen einnehmen können, vertauschten. Oft sind sie mehr Vater als Partner; noch öfter sind sie mehr Mutter als Partnerin. All das führt zu Verwicklungen und zu einer großen Unerfülltheit im eigenen Sein. Wer die unterschiedlichen Rollen zu wenig kennt und zudem unbewusst ist, schlittert von einem Konflikt in den nächsten und bleibt meistens zu tiefst unglücklich. Marie kannte Zahllose aus ihren jahrelangen Beratungen, die nicht und nicht aus ihren Rollen herauskamen. Umso wichtiger war Marie, klare Ausrichtungen zum Väterlichen und Mütterlichen zu bekommen. Es gab immer wieder Aspekte, die auch ihr neu waren. Maria Magdalena bat Marie, auf ihrem Weg durch das Labyrinth auf einer der Steinbänke Platz zu nehmen. Sie wollte dieses Mal ihre Gedanken sitzend weitergeben, wusste sie doch um die Tiefe dieser Gedanken. Gehen ist gut und schön. Doch manches Mal ist sitzen und Ruhe geben gleich gut und gleich wichtig. So begann sie, ihre Gedanken auszubreiten.

„Das Mütterliche geht auf Vorbilder wie Inanna, Astarte, Ashtoreth, Isis, Eva und Venus zurück. Lass dich durch die Namen nicht verwirren. Sie sind Sinnbild für das eine, den gebärend-nährenden Aspekt. Es ist die Mutter Erde, Terra, Gaia als spiritueller Aspekt von Terra, das Fruchtbringende, Demeter, das Blühende, das Leben Spendende, das Fließende, das Gefühlvolle. Das Väterliche ist das Strukturgebend-Beschützende und geht auf Adam, Osiris, Chronos und Zeus zurück. Auch hier gibt es vielerlei Namen, die Sinnbild für das eine sind. Es ist der Vater Himmel, der Geist, die Wurzeln, der Stamm, das Haltende, das Verantwortungsvolle, das Beschützende.

Beides ergibt Gefäß und Inhalt. Eines kann ohne das andere nicht sein, wenn es sich ausweiten und wachsen will. Beachte – es sind Aspekte und keine Menschen. Es sind Rollen, die natürlich einem Geschlecht zugeordnet sind. Doch du weißt, der Mensch ist großartig im Übernehmen und Leben von fremden Rollen. Doch das ist ein anderes Thema.

Lass uns einen Blick auf die Urmutter unseres Seins machen. Sie ist die Gebärende und die Nährende; die Schützende für Kleine, das Aufwachsende; die Kraftvolle; die Starke; die Kämpferin, die Kriegerin. Der Mond, das Auf und Ab, Säen, Wachsen, Ernten, und auch das Vergehen und Sterben. Sie ist auch eitel, spielerisch, venusisch und kriegerisch; sie symbolisiert das gebärende und das zerstörende Element. Denke an Erdbeben, an Stürme, an Vulkanausbrüche. Sie ist auch Ausdruck der Fruchtbarkeit von Mutter Natur und somit ein Sinnbild für den Ursprung des Lebens. Damit ist sie für das Gedeihen der Vegetation ebenso verantwortlich, wie für den Ackerbau, die Viehzucht und nicht zuletzt die Fortpflanzung des Menschen. Sie lässt das Korn sprießen, die Herden gedeihen und das Kind im Mutterleib wachsen. Sie ist die Gebieterin über Himmel, Erde und Unterwelt (im Sinne der eigenen Abgründe). Schutz und Magie sind Teil ihres Wesens. Sie zeigt sich in ihrer Vielschichtigkeit des Weiblich-Mütterlichen wie ein Vexierspiegel, der immer wieder neue Aspekte andeutet und ausdeutbar macht.

Neben diesem mütterlich-verantwortungsvollen Aspekt gibt es eine ganz andere Seite. Es ist jene der unersättlichen, begehrenswerten, immer in neuer Liebe erglühenden Frau. Nicht nur Fruchtbarkeit, sondern auch eine erfülltes Sexualleben war Teil ihres Seins. Das Urvenusische umschreibt diesen Aspekt, der untrennbar zum Mütterlichen dazugehört. Muttersein und eine erfüllte Sexualität zu leben, galt früher als völlig normal. Diese Leidenschaftlichkeit zeigt die Verbindung zu einem weiteren Aspekt - jenem des Kriegs. Sie kann noch immer zur rasenden Kriegsherrin werden und als Löwin der Schlachten beschrieben werden. Wenn es um die Ihren geht, dann ist sie unerbittlich. Sie ist ein Vorbild an Weisheit und Stärke; was sie zeigt, ist zeitlos gültig - nicht nur für die weibliche Psyche."

Marie hatte viele Jahre sich mit diversen Gottheiten, die sie als Symbol für das Menschliche empfand, befasst. Sie mochte Kulturgeschichte und interessierte sich brennend für die Menschheitsgeschichte, wo vieles noch im Dunkel lag. Auch wenn manch Intellektuelle zu wissen meinten, wie alles begann. So waren viele Gedanken von Maria Magdalena für Marie sehr vertraut. Sie kannte die Aspekte des Weiblichen mittlerweile sehr gut und konnte die Zuordnungen treffen. Damit war auch die Vielschichtigkeit des Mütterlich-weiblichen nahezu auf der Hand liegend. „Eigenartig," dachte Marie bei sich im Stillen, „je weiter wir uns dem Zentrum nähern, umso klarer wird alles."

Um die Einheit tatsächlich zu erfassen, wollte sie nun über das Väterlich-männliche Bescheid wissen. Maria Magdalena wartete gar nicht die Frage ab, sondern legte los.

„Das Väterlich-männliche ist das Gegenstück zum Mütterlich-weiblichen. Es ist so angelegt, dass das eine das andere braucht – Gefäß und Inhalt. Erinnere dich an deinen Vater. Er war sicherlich kraftvoll, beschützend, liebend, manches Mal ein wenig distanziert, weil ihm das Weibliche auch immer irgendwie mystisch blieb; er sorgte für euch, sodass ihr immer zu essen und zu trinken hattet und ein Dach über dem Kopf hattet. Das klingt einfach, doch das Väterliche ist in der ins Äußere strebenden Form das versorgende Element. Die Mutter ist die emotionale Näherin im Inneren. Keines ist besser als das andere. Das musst du dir immer vor Augen halten. Der Vater ist der erste Mann und oft der Held im Leben einer jungen Frau. Er ist das Modell für die Männer, die im Leben folgen. Das Väterliche beherrscht die Zeit, die Unterwelt des Bewusstseins; es ist die Sonne, der Pfeil, gerade heraus und kraftvoll. Die Kriege, die das Väterliche führt, sind andere Kriege, als jene, die das Mütterliche führt. Das Väterliche gibt die Richtung vor, hält zusammen, ordnet und gibt Struktur; es spricht Machtworte, zeigt die Linie auf, auf der alle zu gehen haben und ist Autorität. Dies hat auch viel mit Sicherheit zu tun. Väter sorgen für die Sicherheit im Außen. Damit ist das Väterliche auch Maßstab für das Sein der Seinen. Es ist die Letztinstanz, die entscheidet, was geht und was verbleibt. Damit hat das Väterliche die Verantwortung für das Äußere."

Marie hatte aufmerksam zugehört. Sie dachte an ihren Vater, ihre Großväter. Entsprachen sie diesen Gedanken? Ja – in vielen Punkten sicherlich. In manchen war es zu einer Rollenumkehr zwischen ihnen und ihren Frauen gekommen. Dies ist nichts Besonderes und war den Zeitabschnitten, in denen diese Menschen gelebt hatten, geschuldet. Kriege und die Abwesenheit der Väter hatten die Mütter gefordert, eine Doppelrolle zu übernehmen. Das hatte diese Frauen geprägt und damit auch ihre Kinder. Die Doppelrolle der Kriegsgeneration war zu einem kollektiven Phänomen mit kollektiven Konsequenzen geworden. Marie war in Friedenszeiten aufgewachsen, doch ihre Eltern hatten den Krieg erlebt und waren durch diesen, wie viele Millionen ihrer Generation und der Generationen davor, geprägt. Das jeweilige Rollenbild, das man von sich und vom anderen hatte, und das soziale Umfeld führten sehr häufig zu Rollenverdrehungen. Das geschieht oft unbewusst, wohl auch weil man das, was die jeweilige Rolle in der Uressenz bedeutet, oft nicht kennt oder vergessen hat. Dann rutschen Mütter in Vaterrollen und umgekehrt. Töchter werden zu Müttern, und Söhne bleiben immer die Prinzen und werden nie erwachsen.

„Doch das," dachte Marie, „ist eine andere Geschichte." Sie wollte nicht noch weiter ausholen, war doch das, was sie bislang mit Maria Magdalena besprochen hatte, komplex genug. Sie würde einige Zeit benötigen, um all das zu verdauen, zu ordnen und zu unterscheiden. Und – sie wusste, die Unterscheidung war wesentlich, wenn sie ihren kollektiven Beitrag leisten wollten – und das wollte sie.

Vater und Mutter bilden die Uressenz des Seins, gemeinsam mit dem Männlichen und Weiblichen.

Vater und Mutter haben sowohl die Rolle der Erschaffung als auch des Schutzes vom Erschaffenen. Doch hier endet ihre Rolle.

11. Das Männliche und das Weibliche im Symbolon: Ist das tatsächlich möglich?

∞

Nun waren die beiden Frauen angekommen, im Zentrum des Labyrinths, wo sich alles vereinte, wo die Antwort der Antworten für Marie bereit lag. Ein inneres Durchatmen ging durch die beiden. Marie blickte sich um, nahm diesen Platz wahr, der ihr eine Weite gab, die ihr vor allem durch den Weg durch die Heckengänge bewusst wurde. „Was für eine beengte Sicht haben wir gelegentlich," fragte sie still in sich hin. „Alles eine Frage von Bewusstheit," kam es aus ihr zurück. Das Zentrum, das im übertragenen Sinn für das Symbolon, für das Zusammenfügen von Teilen stand, war ein Ort, der von Metaphern nur so überströmte. Wo immer Marie hinblickte, sah sie Hinweise auf die Vereinigung, die Wiedervereinigung aus Männlich und Weiblich. Figuren, Bäume, Sträucher, Blumen, Wasser ... alles deutete die Dualität an, selbst die Gestaltung des Rasens und der kleinen Beete folgte diesem Prinzip. Und doch war alles in einer einzigartigen, nicht hinterfragbaren Harmonie. Sie dachte an die Begegnung von Adler und Kondor. Diese Begegnung steht für diese Harmonie, dieses natürliche Gleichgewicht.

Maria Magdalena kannte diesen Ort und seine Antworten, war sie doch schon öfters bewusst fragend und für die Antworten offen seiend durch das Labyrinth gewandert. Sie freute sich über Maries Staunen.

„Was für eine Magie. Unbeschreiblich schön und klar. Ich fühle mich angekommen," dachte es in Marie ergriffen. Das für Marie so bekannte Labyrinth von Chartres stieg vor ihrem inneren Auge auf. Doch dieser Ort war noch magischer als Chartres. Maries Erinnerungen und ihre aktuellen Empfindungen wogten in ihr hin und her. Bald konnte sie kaum mehr einen Unterschied feststellen. Sie genoss diese einzigartigen Empfindungen und blieb still bei sich.

Nun ging es um das Zusammenführen dessen, was die beiden Frauen auf ihrem gemeinsamen Weg erkannt hatten. Aus der Trennung in die Einheit. Aus dem Ich und Du ins Wir … ins Ich, ins Du, ins Wir … unaufhörlich, nie endend.

Marie ging nach Momenten des Innehaltens und Schauens langsam umher, um sich noch besser zu orientieren. So bereitete sie sich für den Schritt in die Einheit auch innerlich vor.

Das Zentrum dieses magischen Ortes wurde von einer Marmorstatue mit einem Brunnen dargestellt. Frau und Mann waren Arm in Arm eng umschlungen, in ihrer Welt versunken, anmutig, natürlich, von schlichter Eleganz – als gäbe es nichts anderes – in ihrem eigenen Tanz mit dem Leben. Nichts war zu viel in der

Darstellung, nichts zu wenig. Man konnte die Verbundenheit in allen Seinsebenen erkennen, musste nicht denken, weil es schlicht so war. Es war eine einfache und dadurch umso kraftvollere Darstellung von Einheit, vom Symbolon, das sich gefunden hatte.

Marie wusste tief in ihrem Herzen, dass dieses Finden möglich ist. Die Suche hatte ein Ende, wenn sie das Finden zuließ. Finden ist Sein-Warten, eine sehr weibliche Haltung. Die hatte Marie mittlerweile gelernt.

So stand sie staunend im Zentrum, vor dem Brunnen, in dem die Statue integriert war. Es war völlig natürlich, als konnte es gar nicht anders sein. Der Brunnen hatte die Form einer Muschel und fügte sich symmetrisch in den Platz ein. Wieder ein Ausdruck von Weiblichkeit und Männlichkeit in Harmonie. Ohne Wasser wäre der Brunnen leer. Doch es strömte üppig und unaufhörlich aus den Tiefen. Die Muschel fing das Wasser so auf, dass es über ein raffiniert-verstecktes System in den Brunnen zurückgeleitet wurde. Ein Kreislauf der Harmonie. Marie dachte an „the dwell" in Glastonbury, als sie das Schauspiel beobachtete. Glastonbury war auch ein derart magischer Ort voll Mythen, voll Geschichte, voll Türen, voll Möglichkeiten.

Bewusst holte sie sich wieder in die Wahrnehmung des Zentrums des Labyrinths. Es war Stille um Marie. Sie schaute, sie hörte, sie war. Nichts war in diesem heiligen Moment notwendig. Nichts. Wer Ohren hat, der höre ... und Marie hörte.

Die beiden Frauen setzten sich an den Fuß des Brunnens ins Gras und lauschten einige Zeit dem Wassergeplätscher. Die Gleichmäßigkeit des Geräusches führte Marie in eine noch tiefere Entspannung. Sie ließ sich innerlich treiben und von einer Welle, die aus dem Nichts aufstieg, weitertragen.

Maria Magdalena musste nichts kommentieren. Sie war schlicht erleichtert und erfreut, dass sie es bis zur Mitte des Labyrinths gemeistert hatten. Das war nicht selbstverständlich. So viele gaben unterwegs auf und versuchten verzweifelt, aus dem Labyrinth heraus zu gelangen. Den Ausgang zu finden, ist gar nicht einfach. Es gibt viele Täuschungen und blinde Gänge. Manche setzten sich dann auf eine der Steinbänke und hofften, dass jemand kommen würde um sie zu retten. Sie warteten vergeblich, denn aus dem Äußeren kam nichts. Wer das Labyrinth betritt, ist auf sich gestellt und muss begreifen, dass er alle Antworten bereits in sich trug. Auch wenn sie und er in Begleitung sind. Umso froher war Maria Magdalena, wie angenehm der Weg mit Marie war. Sie war gelehrig, offen und neugierig. Und sie war achtsam und bewusst und hörte mit ihrem Herzen. So war Maria Magdalena zuversichtlich, dass sie auch die Botschaft des Symbolon erfassen und leben können würde.

Sie wusste, dass es nun um die Essenz ging: „Wenn du das Wesen des Symbolon erfassen willst, in seiner vollkommenen Tiefe, dann will ich mit dem *Anthropos* beginnen. Ich hatte ihn ja schon kurz am Beginn unseres Weges erwähnt. Doch nun gebe ich dir einige wichtige Details und Zusammenhänge. Der *Anthropos* ist ein Mensch in seiner vollen Selbsterkenntnisfähigkeit. Er ist jenseits von Geschlecht in sich ganz. Er weiß, warum er hier ist und welches Versprechen er abgegeben hat. Er erfüllt dieses Versprechen und er ist in seiner geistigen Familie angekommen und erfüllt die dafür vereinbarte Rolle," führte Maria Magdalena aus.

„Der *Anthropos* weiß auch sehr genau um seine Familie und seine Zugehörigkeit Bescheid. Zu kurz greift daher auch die noch immer grassierende Vorstellung, dass Familie alles ist. Oft ist es ein angstgebundener Zusammenhalt, nur um ja nicht mit sich sein zu müssen, nur um ja nicht auf sich hinblicken zu müssen. Der *Anthropos* hat für sich begriffen, dass der Schein nach außen ebenso wenig Bindungskraft und Halt gibt wie eure Blutsverbindungen. Er hat erfasst, dass es höchst an der Zeit ist, zu begreifen, dass es Liebe ist, die Menschen zusammenhält. Ob verwandt oder nicht ist irrelevant für die Zeit, wo ihr bereits am Beginn steht. Wahre, tiefe Liebe, die fürsorglich und beschützend ist. Sie ist zutiefst unromantisch. Der Begriff „Familie" trägt bei vielen von euch bereits derart viele Überzeugungen in seinem tiefsten Innersten, mit denen ihr euch jahrhundertelang herumschlugt. Überzeugungen sind mit Gefühlen ummantelte Glaubenssätze, die eine hohe Tiefenwirkungen aufweisen. Die Bilder davon, was eine ‚gute Familie' ausmacht, wie sie zu sein hat, um der kollektiven Norm zu entsprechen, die kannst du getrost ablegen. Als Anthropos hast du sie bereits abgelegt.

Als *Anthropos* hast du klar erkannt, dass ihr für eine ganz andere Aufgabe hier her auf diese Erde kamt: um euch im gegenseitigen Wachstum zu bestärken, zu bereichern, zu fördern. Nicht um zu er-ziehen. Wohin? In kollektive, oft unhinterfragte Normen?!. Nein – es geht um das Aufbauende, das Nährende, das die Entfaltung Begünstigende. Die Blutsverbindung spielt dabei gar keine Rolle. Sie ist Illusion, um euch dicht und schwer zu halten, unten zu halten, gefangen zu halten. Sie ist ein Alibi, um Macht auszuüben und zu normieren, um zu kontrollieren. All das hat der *Anthropos* für sich erkannt und er lebt es auch."

Marie kannte das Konzept und hatte es sich vor einigen Jahren als Leitlinie für ihr eigenes Sein genommen. Sie war auf dem Weg und es war ihre Absicht, diesen Weg zu gehen, der sie mehr und mehr in ihrer individuellen Ganzheit ankommen ließ. Sie hatte ihren Auftrag erkannt und lebte ihn aus vollem Herzen. Auch wenn es da und dort noch unrunde Situationen gab. Sie glätteten sich im Moment des Erkennens, wenn sie die geistige Führung ihr zeigen ließ, was als nächstes anstand. Marie war auf ihrem Weg – voll tiefer Freude.

„Es ist wohl eine der hervorragendsten und nobelsten Aufgaben, zum *Anthropos* zu werden. Seit Jahren beschäftige ich mich damit. Es ist ein Weg voller Höhen und Tiefen, voller Erkenntnisse. Ein Schauen des eigenen Seins in das eigene Sein," ergänzte Marie.

Maria Magdalena war ein wenig erstaunt über Maries Worte. Doch sie wusste, diese Frau war auf ihrem Weg in die Einheit und damit in ihre persönliche Meisterschaft.

„Wenn du am Weg bist, zum *Anthropos* zu werden, dann hast du die besten Voraussetzungen, ins Symbolon zu gelangen und das Labyrinth zu meistern. Warte nicht, wann du meinst, nun im *Anthropos* angekommen zu sein. Es ist kein Zustand, sondern ein Prozess. Es sind die Absicht und der Weg, den du gehst. Die beiden sind entscheidend. Dabei findest du alles nur IN DIR. Alles findet auch nur IN DIR statt. Ihr sucht immer wieder einen Menschen, der eure andere Hälfte ist, eure Ergänzung. Die Liebe ist dabei die Offenbarung einer Kraft, die zwei sich ergänzende Hälften zwingt, sich zu vereinen. Im Äußeren sind es projizierte Bilder, die Ähnlichkeiten mit deinem Inneren aufweisen. Die wahre Ergänzung ergibt sich aus dem Göttlichen und findet in dir statt. Wahre Einheit findet nicht über den Körper statt. Der Körper ist immer dazwischen, eine Form von Widerstand. Vollkommene Einheit von zwei Menschen ist daher nicht möglich. Du kannst nur in Dir eins sein. Das ‚Ich' sucht keine Ergänzung. Es ist in sich bereits ganz. Daher findest du die Ergänzungshälfte letztlich immer nur in dir. Ein Zurück in das Federbett der Ureinheit mit der Quelle ist uns als Mensch nicht möglich, denn in Wahrheit ist die Trennung doch nur dazu da, um Erfahrungen zu machen. Daher geht es darum, zu erkennen, dass dir die Verbindung mit der Quellen ganz grundsätzlich nie jemand geraubt hat und auch nie rauben kann. Diese Verbindung ist ewig. Es ist beides möglich: Erfahrungen zu machen und gleichzeitig sich mit der Quelle verbunden fühlen. Wenn es gelingt, in dir eins zu sein, dann ist die Vereinigung mit einem anderen Menschen wesentlich freier möglich," bekräftigte Maria Magdalena mit fester Stimme. Dabei fasste sie Marie am Unterarm. Diese durchlief ein sanfter und gleichzeitig kraftvoller Schauer an Energie. Sie wusste, sie war am richtigen Weg. Es war und ist ihr Weg. Das genügte ihr.

„Das ist der eine Aspekt, die Balance von Weiblichem und Männlichen in dir, die dauerhafte, dynamische Balance in dir. Es gibt keine Co-Abhängigkeiten, keine Bedürftigkeiten mehr. Du bist erfüllt, voll und ganz. Dann noch den Auftrag zu erkennen, ist ein weiterer Aspekt. Ihr zu leben, ergibt den nächsten Schritt. Wenn du das gemeistert hast, dann erst kannst du in eine Heilige Verbindung weitergehen. Auch das ist kein geradliniger Prozess. Er ist voll Drehungen und Windungen. Sie gehören dazu und sind ein wesentlicher Teil des Prozesses von Wachstum, Ausweitung und Reifung."

Marie konnte den Gedanken vollkommen mit ihrem Herzen folgen. So hatte sie es bislang auch erlebt. Sie wollte nun mehr über die *Heilige Vereinigung* wissen. Das war wohl ein Mysterium, das zurzeit Hochkonjunktur hatte. Doch Marie war nicht an Schlagworten interessiert. Sie wollte mit dem Herzen wissen, worum es dabei ging.

„Ich habe so viel über diese *Heilige Vereinigung* gelesen und gehört. Darüber will ich mehr von dir wissen. Du hast doch auch so eine *Heilige Vereinigung* gelebt. Erzähle mir darüber," wollte Marie wissen. Es war der Schlüssel zum Symbolon. Vielleicht war es sogar das geheilte Symbolon.

Maria Magdalena begann mit Grundsätzlichem, das ihr wichtig erschien, um Marie die Möglichkeit zu zeigen, die *Heilige Vereinigung* im und mit dem Herzen auszudeuten.

„Liebe ist immer eine Form der Offenbarung des Göttlichen. Sie kann nicht vernichtet, jedoch verwandelt werden. Du musst dich für die Macht der Liebe immer einsetzen, nicht kämpfen, sondern aus dem Herzen heraus glauben und sich für sie einsetzen. Wahre Liebe findet immer einen Weg, um die Einheit zu leben. Dabei darfst du dich nicht um von Menschen ersonnene Gesetze kümmern. Es ist dabei irrelevant, von wem die Wahrheit kommt oder wer sie zuerst sagte und schrieb. Die Wahrheit steht für sich selbst. Es gibt immer die freie Wahlmöglichkeit, die wir gemäß unserer Disposition ausüben können und dürfen. Sie ist maßgeblich dafür, wie Situationen erfasst und gestaltet werden. Sie ist entscheidend für das Ergebnis. Wir dürfen wählen. Niemand zwingt uns. Empfinden wir Zwang, dann kommt dieser ausschließlich aus uns selbst und ist egogeleitet," setzte Maria Magdalena ihre Gedanken fort. Sie musste dies so deutlich sagen, weil es Grundlage für das Begreifen des Ganzen mit dem Herzen ist.

„Liebe ist dabei kein Gefühl, sondern reine Schöpferkraft. Sie ist die Verschmelzung des männlichen mit dem weiblichen Prinzip. Nur wenn Geist und Seele in Einklang sind, kann Schöpfung im Einklang mit der göttlichen Ordnung entstehen – nur dann. Die Seele ist das Bewusstsein. Sie umschließt dabei deine gesammelten Erfahrungen und gleichzeitig Substanz des Bewusstseins. Bewusstsein ist der Erfahrungsraum; Substanz ist die aufnahmebereite Energie. Sie bilden einen energetischen Körper, der vom Geist in Liebe geformt wird, indem er die Energie informiert. Zwei Liebende vereinen sich und erschaffen einen neuen Ausdruck ihrer Essenz. Dabei musst du dir zudem bewusst sein, dass das Weibliche nicht nur auf die Frau bezogen ist und umgekehrt. Wir tragen beide Energien in uns. Oft ohne uns dessen bewusst zu sein. Das

Fließen und das Sein ist das Weibliche. Das Tun und Haben ist das Männliche. Das Weibliche schlängelt zyklisch dahin. Das Männliche ist linear und zielgerichtet. Wisse jedoch – beides ist notwendig, wenn man ein gelungenes Leben will. Beide sind Voraussetzungen für das Symbolon und die *Heilige Vereinigung*. Und das darfst du dir immer mehr bewusst machen und sehen, wie es umsetzbar und in dein eigenes Leben integrierbar ist. Du lebst in einer der interessantesten Phasen des menschlichen Seins. Ich spreche über einen Zeitraum, der sich nun etwa 5000 Jahre erstreckt hat – das Patriarchat, das das Matriarchat abgelöst hat. Gleichzeitig steht ihr am Umkehrpunkt eines 13.000 Jahre umfassenden Zyklus. Und nun schwingt es wieder in die andere Richtung, wobei das Interessante daran ist, dass es um keine Wiederholung geht, sondern – und das ist das Wesentliche – um die Integration von Männlich und Weiblich. Das ist nur eine andere Umschreibung für die *Heilige Vereinigung*."

Marie saß gerade und in vollkommener Aufmerksamkeit und es sprach aus ihr: „Doch bevor wir in diese Integration gehen können, müssen wir beide Seiten kennen. Wenn eine Seite so lange unterdrückt war, dann braucht sie doch für einige Zeit ein wenig mehr Aufmerksamkeit, um sie besser kennenzulernen?"

„Ja – doch vergiss nie, das ist nicht das Ziel. Das Ziel ist die *Heilige Vereinigung* in all ihren Spielformen. Denke nicht zu begrenzt. Die *Heilige Vereinigung* kann sich in vielerlei zeigen," ergänzte Maria Magdalena.

Maries gesamte Neugierde war nun vollends geweckt. Sie hatte bislang offenbar eine verengte Sichtweise zur Heiligen Vereinigung gehabt. So fragte sie nach. „Habe ich das richtig verstanden – wir leben immer in beiden Welten – im Inneren und im Äußeren, im Männlichen und im Weiblichen. Daher haben wir auch das Männliche und das Weibliche in uns, gleich ob wir hier als Mann oder Frau sind und wie wir uns begreifen. Es bringt daher auch nichts, das eine gegen das andere aufzuwägen, nun plötzlich das Weibliche übertrieben in den Vordergrund zu stellen und für wichtiger als das Männliche zu erklären. Das halte ich für vollkommen verkehrt. Es geht also zurzeit darum, dem Weiblichen, mehr Raum zu geben und das Männliche auch zu entlasten. Ja – zu entlasten."

Kurz entstand eine wohltuende Stille zwischen den beiden Frauen. Es ging doch um das Mysterium, an dem Marie so interessiert war. Zeit gab es ja nicht in ihrer *Imaginale*.

„So ist es. Du hast das völlig richtig erkannt. Dann können beide Aspekte einander auf innerer und äußerer Augenhöhe begegnen. Und dann kommt die von uns so sehr gewünschte und zu tiefst gesuchte Harmonie, der Einklang, die *Heilige Vereinigung*," sprach Maria Magdalena mit leiser und zugleich eindringlicher Stimme. Ein wenig Wehmut schwang durch. Dachte sie an ihre *Heilige Vereinigung*, die im Irdischen schon viele Jahre zurücklag? Marie konnte es nur ahnen und nicht wissen. Sie wollte auch nicht zu tief nachfragen, denn Maria Magdalena gab ihr das preis, das für Marie wichtig war. Neugierde über Persönliches stand nicht am Plan. Es war die Fülle pur, die Marie bislang erhalten hatte. Sie brauchte nichts zu fordern, das ihr auch gar nicht dienlich war.

Es entstand wieder eine dieser Pausen zwischen den beiden Frauen. Sie waren so wichtig. In der Stille konnte sich das Gesagte setzen und ordnen. Beide brauchten diese Momente, in denen scheinbar im Außen nichts geschah. In ihrem Inneren jedoch war viel in Bewegung. Auch Maria Magdalena brauchte diese Pausen. Aus dieser Leere entstand in ihr der Impuls für die nächsten Gedanken.

Dann kam Maria Magdalena zu einem weiteren wesentlichen Aspekt. „Eine echte Verbindung in deiner Zeit, in der du nun lebst, kann daher nur aus zwei selbstständigen, heilen Wesen bestehen, die ihre Individualität auch in der Vereinigung mit dem anderen bewahren. Seid also zu allererst *Anthropos*. Das ist die beste Voraussetzung für ein geglücktes Leben und eine geglückte und erfüllte Verbindung. Nun sind die Energien, die Informationspotenziale vorhanden, die es euch ermöglichen, eure Schwachstellen anzuschauen, die durch den anderen aufgedeckt werden. Ihr könnt damit einander in einem kosmischen Bewusstsein und geistiger Offenheit begegnen. Nur so zeigt sich, wie bereichernd und aufregend eine Partnerschaft sein kann, wie sie gedacht ist. Es geht dabei um die Klarheit und die Einfachheit, die Entfaltung dessen, was tief im Kern vorhanden ist und einfach nur sein will. Es geht darum, diese Einheit zu leben. Dazu braucht es keine Gesetze und Vorschriften. Lebe die Einheit in der Gegenwart, im puren ICH BIN. Das ist eine wahrhaft befreiende Präsenz. Alles andere ist Illusion und führt zu Vorstellungen, zu Abhängigkeiten und zu Schmerz und Leid. Im Spiegel des anderen erkennst du dich selbst."

Marie kannte diese Gedanken, doch hatte sie sie nie so präzise und einfach, so auf den Punkt gehört. Es bedurfte keiner weiteren Erläuterungen. Sie hatte mit dem Herz und im Herz verstanden. Sie hatte gehört.

Doch Marie war auch neugierig wie ein Kind. So fragte sie Maria Magdalena nach den Ursprüngen der Heiligen Vereinigung. Sie war immer historisch interessiert gewesen und die Menschheitsgeschichte hatte sie seit Jahrzehnten fasziniert. Sie war eine Geschichte voller Mythen, die die Sprache der Seele darstellten. „Wo liegt der Ursprung der Heiligen Vereinigung? Gibt es Beispiele, die das belegen und auch verdeutlichen, worum es im Kern geht?"

Maria Magdalena hatte diese Frage erwartet. „Lass mir dir vorab folgendes mitgeben: Den Kern, worum es geht, kannst du nur selbst erfahren. Wenn du dazu bereit bist, dann geschieht es. Ohne zu drängen und ohne dein Zutun. Du musst dich bloß auf den Weg zu dir selbst machen und bereit für die Vereinigung sein. Doch – ja es gibt eine Fülle an historischen Beispielen, die ich gerne weitergebe. Wahrscheinlich ist dann dein Verstand zufrieden," meinte Maria Magdalena lächelnd. Sie kannte Marie richtig gut.

Dann setzte sie fort: „Die *Heilige Hochzeit* ist mehr ein Sakrament denn ein Ritual. Als Symbol ist sie bereits bei El und Ashera erkennbar. Der Kreis von Sternen tanzt um die Sonne. Das Weibliche umgibt das Männliche. Du findest es in den alten Schriften im übertragenen Sinn. Ein weiteres Beispiel sind König Salomon und die Königin von Saba. Sie gelten das große Symbol für die Vereinigung von Männlich und Weiblich. Weisheit und Schönheit treffen aufeinander und bilden in der Vereinigung aus Geist, Körper und Seele etwas Heiliges. Sieh dir Theseus und Ariadne an. Ihnen wurde das Labyrinth zum Ausdruck von Liebe und Freiheit. Oder nimm Inanna und den Hirtenkönig Dumuzi. Diese und viele mehr waren und sind einander bestimmt.

Es ist eine von Gott gesegnete Vereinigung unter aktiver Teilnahme von Gott. Gott ist während dieser Vereinigung von zwei Menschenseelen gegenwärtig. Es ist ein für sie unerklärlicher Sog, der sie zueinander zieht und hält. Das Zusammenkommen unter göttlichem Schutz und unter göttlicher Teilhabe verwandelt beide zutiefst und unwiderruflich. Wenn diese Hochzeit vollzogen ist, gibt es keine Trennung mehr – nicht einmal im Tod. Die Zeit kann, muss jedoch nicht wiederkehren. Es braucht nicht der endlosen Wiederholungen, um das zu finden, das einem bestimmt ist. Wer sein Denken ändert, ändert auch sein Fühlen. Dann braucht es die Wiederholung nicht mehr. Sie ist durchbrochen. Dann ist auch ein wahrer Neubeginn möglich."

Marie hatte endlich ihre so ersehnten konkreten Beispiele. Sie liebte Geschichte und Geschichten. Sie bewegten immer etwas in ihr.

Doch Marie war bewusst, dass sie noch mehr über diese *Heilige Vereinigung* wissen wollte. „Erzähle mir doch noch etwas über Dual- und Zwillingsseelen. Wie stehen diese zur Heiligen Vereinigung?," fragte sie neugierig weiter.

„Der Mensch braucht immer Einordnung und hat den oft unausgesprochenen Wunsch nach Verschmelzung, nach Wiederganzsein in sich, die Rückkehr zur Quelle. Das ist vielen scheinbar nur übers Außen möglich, über einen anderen. Je mehr Aufmerksamkeit auf diesen Verschmelzungswunsch projiziert wird, umso mehr entfernt er sich. Er ist ja aus dem Mangel, aus der unbewussten Sehnsucht nach Rückkehr ins imaginäre nach Hause geboren. Daher wird dieser Mangel durch den Fokus darauf auch immer größer. Die Wunschbeziehung rückt in weite Ferne. Konzepte wie

Dualseelen, Zwillingsseelen, Seelengefährten etc. pp. müssen herhalten, um diesen Mangel zu kompensieren. Dies ist auch verkehrt, denn diese Konzepte werden wiederum mit romantischen, nichthaltbaren Inhalten verbrämt und überfrachtet. Doch wisse: Nichts bringt einen mehr in die Selbstliebe und in den Selbstwert als der Dualseelenprozess. Nichts bringt dich mehr in die eigene innere Ganzheit als der Dualseelenprozess. Denn – und das darf man nicht vergessen: Es geht dabei ausschließlich um dein eigenes, inneres Ganzwerden, das als Projektion nach Außen strahlt. Es hat mit deiner eigenen inneren Verschmelzung zu tun, mit dem *Anthropos*. All das umfasst Selbstliebe in ihrer tiefsten Tiefe und den Selbstwert im Kern. Dann erst ist eine geglückte Verbindung in der aktuellen Zeitqualität möglich. Es braucht den anderen dazu gar nicht. Doch es erleichtert den Ganzwerdungsprozess, weil wir vieles gar nicht erkennen würden, würde es uns nicht übers Außen gespiegelt werden."

Marie ließ das Gesagte auf sich wirken. Auch sie hatte diesen Konzepten nachgejagt und Antworten erwartet, doch nie so richtig stimmige erhalten. Alles war überladen von Erwartungen, von Scheinromantik, von Wünschen, von Mangel.

Maria Magdalena setzte ihre Gedanken fort: „Wer mit Geist, Körper und Seele, versteht, was es bedeutet, sich auf einen Dualseelen- und Zwillingsseelenprozess einzulassen, der geht durch die dunkle Nacht der Seele, durch enorme Schmerzen – um letztlich neu geboren ans Licht bei sich selbst anzukommen. Dies ist wie eine völlige Neugeburt – und Geburten sind bekanntermaßen mit dem vorangegangenen Tod verbunden. Beide, Tod und Geburt, sind nie schmerzfreie Prozesse. Ziel ist immer bei sich selbst im Inneren anzukommen. Das ist die Rückverbindung zur Quelle, zum Göttlichen. Es geht um die Werdung zum *Anthropos* - um nichts anderes. Die Prozesse helfen einem dabei – so unglaublich das klingen mag. Es ist so!"

Marie erkannte, dass es gar nicht um einen anderen im Außen ging, sondern um einen Prozess der Selbsterkenntnis, der durch den anderen ausgelöst werden konnte, wenn sie es zuließ. Dies wirkte einerseits ein wenig verstörend auf sie. Andererseits wurde ihr rasch bewusst, dass sie damit in ihrer Eigenverantwortung belassen wurde.

„Es gibt durch die Trennung der Seele mehrere Teile. Diese werden in zwei Menschen inkarniert und geboren. Das kann im gleichen Leben sein, muss jedoch nicht im gleichen Leben. Das soll nicht verwirren, doch es gibt keine Automatik. Lass uns der Einfachheit halber annehmen, sie werden im gleichen Leben geboren, denn das zeigt sich ja auch real. Nun sind sie einander als *Seelenzwillinge* Spiegel auf der körperlichen Ebene ihres Daseins. Man kann dies als *Dual* bezeichnen. Das ist sozusagen der Rohzustand auf seelischer Ebene. Wenn beide den ihnen gegebenen Entwicklungsprozess erkennen UND durchlaufen, dann können sie zur *Zwillingsflamme* werden, um sich letztlich als *Schmetterlingspaar*, als *Heilige Verbindung* miteinander zu vereinen. Das klingt einfach, ist jedoch sehr tiefgehend und bei weitem nicht einfach. Es ist jenseits aller bekannten Automatik und ein echtes Abenteuer. D.h. es kommt zur Begegnung und einer macht sich auf den Weg. Der andere kann, muss jedoch nicht mitziehen. Es gibt die freie Wahl."

Marie ließ auch das auf sich wirken. „Das heißt, die beiden können einander begegnen und nicht einmal da ist es gesagt, dass sie, wenn sie aufeinander treffen, den Weg gemeinsam beschreiten?"

„So kann es durchaus sein und es war auch lange Zeit so. Die Zeit war auch nicht reif dafür," meine Maria Magdalena.

Stille trat zwischen die beiden Frauen. Beide waren im Gesagten versunken. Jede spiegelte ihre eigenen Erfahrungen darin. Marie war ein wenig enttäuscht, dachte sie doch an ihre eigenen Wünsche. Es gab keine Treffgarantie und schon gar keine Gelinggarantie. Nicht sehr ermutigend. Warum sollte sie sich das alles antun bzw. angetan haben, wenn es sowieso nichts Verbindliches gab? ...

Maria Magdalena nahm den geistigen Faden wieder auf. „Jede Seele besitzt eine Zwillingsseele. Doch diese Vorstellung ist ein menschliches Konzept, das viele

Träume, Illusionen und Missverständnisse in sich birgt – weil es eben menschengemacht ist. Viele warten darauf, einander auch im irdischen Leben zu begegnen. Das kann sein, muss jedoch nicht sein. Es hängt bei aller Verbindung vom jeweiligen Seelenplan ab, also davon, was sich die einzelne Seele vorgenommen hat, in diesem irdischen Leben zu erfahren, um zu wachsen und sich auszuweiten. Lass dich von den herumschwirrenden Begriffen nicht vom eigentlich Wichtigen ablenken. Es geht immer und zu vorderst um deine innere Ganzwerdung. Alles andere liegt nicht in deiner Macht. Du kannst dich bereit machen, doch du kannst nichts erzwingen. Es braucht die Synchronizität in der Entwicklung. Das ist der Schlüssel, dass die beiden aufeinandertreffen können. Gibt es keine Resonanz, so gibt es bei aller Sehnsucht keine irdische Begegnung. Gibt es keine Vereinbarung im Seelenplan, dann gibt es diese Begegnung auch nicht. Wenn es die Begegnung im Irdischen gibt, dann kann es schon sein, dass zeitweilig einer der beiden vorne ist und Impulse gibt. Doch die muss der andere aufnehmen, um immer in die Resonanz zu gelangen. Jage also keinen Träumen und Sehnsüchten nach, die gerade in dieser Zeit so sehr aus dem Äußeren kommen und zur Enttäuschung führen müssen. Lass die Dinge, die vorgesehen sind und jenseits deiner Möglichkeiten liegen, geschehen. Wenn die Begegnung vorgesehen ist, dann geschieht sie. Und sei dir gewahr - die Entwicklung in die Zwillingsflamme geht nur über die

Dualseele. Überspringen, abkürzen, alles willentlich in ein Leben stopfen ... das geht nicht. Der Prozess muss von der Geistigen Welt initiiert und orchestriert sein – und glaube mir, er ist es. Wer den Weg durch die Dualseele durchschreitet, geht durch einen sehr widersprüchlichen, schmerzhaften Prozess. Wer den Sinn des Ganzen erkannt hat, geht durch diesen Prozess, denn der Lohn für den einzelnen ist in Worten nicht zu umschreiben. Dann ist eine Zwillingsflammenverbindung möglich – erst dann, nie vorher. Dies kann mit dem gleichen Menschen sein oder auch mit einem anderen Menschen," sprach Maria Magdalena in ernstem Ton. Sie wusste, dass auch Marie sich noch immer gerne von Schlagworten und Konzepten ablenken ließ. Doch sie hinterfragte diese kritisch und fand doch immer wieder den Weg, der ihr Weg war und ist.

Marie saß ein wenig verunsichert da und blickte ziellos vor sich hin. Sie fühlte sich ein wenig ertappt. Natürlich hatte sie sich auch immer wieder zu diesen Träumereien hinreißen lassen. Das Außen war voll von unterschiedlichen Partnerschafts- und Beziehungskonzepten. Beziehungen gründen auf Brauchen und Gebrauchtwerden, auf Bedürftigkeiten. Partnerschaften haben den Charakter eines Rechtsgeschäfts. Nichts davon hat mit Liebe, mit gefühlter Verbundenheit zu tun. Diese Vorstellungen waren alle menschengemacht, auf Mangel gegründet und auf Sicherheit und Kontrolle abzielend. Sie sollten Sicherheit geben, die es so nicht gab. Sie sollten Klarheit vermitteln, die es so nicht gab.

Da Maria Magdalena Maries Wünsche und Träume kannte und wusste, dass sie reif für eine göttliche Verbindung war, ergänzte sie: „Ich sagte ‚kann' vorher – denn es gibt auch hier keinen Automatismus. Nicht jede Dualseelenbeziehung ist dazu ausgelegt, weiterzugehen und konkret als Paarverbindung in einer gemeinsamen Realität gelebt zu werden, oder gar zur Zwillingsflamme zu werden. Das mag widersprüchlich sein, ist jedoch dem Dualseelenprozess innewohnend. Nicht jede Dualseelenbeziehung ist alltagstauglich – so sehr können wir uns das gar nicht wünschen. Wenn einer sich entschließt, dass es für ihn genug ist, dann geht es nicht weiter. Den Abschluss des Dualseelenprozesses fühlt man sehr deutlich in sich – in Form vom inneren Angekommen sein, von Balance, von Harmonie im eigenen Sein, von Ganzheit, von Freisein von eigenen Aufgaben, da sie gemeistert sind, von Durchbruch in eine neue Frequenz. So kann man das am ehesten umschreiben. Letztlich kannst du ihn nur für dich erfahren und erfühlen – und ich weiß, du hast dies bereits erfahren und bist auf der höheren Bewusstseinsebene angekommen. Jetzt bist du reif für eine Zwillingsflammenverbindung. Du brauchst nur mehr dein Herz dafür zu öffnen. Alles andere ist bereits orchestriert."

Marie ließ sich von diesen Worten ganz erfüllen. Sie hatte genug von Träumereien. So hatte sie vor kurzem beschlossen, sich von all diesen Konzepten zu lösen und auf ihre Ganzwerdung zu achten, sie zu pflegen und zu kultivieren. Sie hatte eine große innere Gewissheit, dass sich alles andere finden würde. Das fühlte sich für sie stimmig und entlastend an. Die Jagd, auch die unbewusste Jagd war zu Ende. Vor ihr tat sich ein weites Feld an Möglichkeiten auf.

„Kannst du noch ein wenig zu dieser *Heiligen Vereinigung* ausführen, um weitere Unklarheiten und Missverständnisse auszuräumen? Das hört sich noch immer ein wenig verwirrend an," bat sie Maria Magdalena.

„Gerne. Ich freue mich sehr über dein Interesse, weil es die Grundlage ist, dass neue Botschaften hinausgetragen werden und Menschen klarer sehen, was zu einer der wichtigsten Fragen im Menschsein gemeint ist. Die *Heilige Vereinigung* ist die Vereinigung von Seelen, die auf der Seelen- und auf der Herzebene verbunden sind. Diese gehören zur Essenz eures Seins. Es geht um die Vereinigung von Erinnerungen an das, was es gegeben hat und was in unterschiedlichen Leben und Existenzen, auf unterschiedlichen Ebenen, parallelen Wirklichkeiten und Universen geteilt worden ist. Es geht um die Erinnerung an eure Einzigartigkeit, eure energetische Unterschrift und euren tiefsten Ausdruck, denn durch die *Heilige Ver-*

bindung verbindet ihr, was im anderen euer ist. Ihr verbindet die Kräfte dessen, woraus ihr besteht; eure wirkliche Existenz im Funken der wahren Essenz dessen, was ihr seid. Es ist das Werk der Zusammenarbeit all eurer Kreationen, das Werk des Kerns eures Seins. Dies geschieht im Regelfall zwischen jenen, die ihr als Zwillingseelen bezeichnet. Diese Vereinigung der *Heiligen Hochzeit* ist ausschließlich Zwillingseelen vorbehalten. Zwillingsseelen sind so alt wie die Menschheit selbst. Jede Seele hat die perfekte Zwillingsseele, wie ich schon sagte. Die große Herausforderung besteht darin, diese Zwillingsseele zu finden. Dies ist kein bewusster, verstandesmäßiger Prozess. Er kann sich auch über mehrere Leben erstrecken – jage nicht; du findest nur wenn es so gefügt ist. Doch nun lebst du in einer Zeit, wo dieses Finden leichter möglich ist, weil es so vorgesehen ist. Wenn ihr euch findet, dann findet die größtmögliche Alchemie statt.

Doch nochmals - löse dich von Begriffen. Binde dein Herz nicht daran. Es sind Menschenkonzepte. Nicht mehr. Fühle, worum es geht. Die *Heilige Verbindung* als gelebte *Heilige Vereinigung* zwischen Zwillingsseelen hier in dieser Welt, im Irdischen, ermöglicht es, in Einheit und bedingungsloser Liebe zu teilen, die Schönheit auszudrücken, die beiden innewohnt, die heiligen und göttlichen Funken eurer Flamme der Unendlichkeit zu vereinen und zu verschmelzen. Es ist wie zwei wundervolle Sonnen oder Sterne, die umeinander kreisen und sich annähern, sich dann wieder voneinander entfernen und sich dann wieder anziehen. Es ist ein magnetischer Tanz des Lebens, der Tanz von Polaritäten, der Tanz der Existenz im Gegentakt. Das ist es, was die Heilige Verbindung darstellt: die Anziehung eures wundervollen Wesens, die Anziehung eures Kerns und das Abgeben dessen, was ihr seid, was ihr als Sein seid. Von der Wahrnehmung, von der Erfahrung des Teils dessen, wer ihr seid, abzulassen und eure Reise aufs Neue zu beginnen: ein neuer Zyklus, eine Wiedergeburt."

Marie ließ sich in und mit den Worten tragen. Eine Welle von tiefer Liebe, von Wärme, von Geborgenheit und Einssein erfüllte sie. Sie hatte das Gefühl, plötzlich und unvermittelt stärker zu riechen, zu schmecken und auch deutlicher zu sehen. Sie hatte gerade gemeinsam mit Maria Magdalena die Bewusstseinsebene gewechselt. Die Welle trug beide weiter. Maria Magdalena setzte mit fester und klarer Stimme fort.

„Es geht wirklich um die *Große Vereinigung* auf allen Ebenen des Seins: Die Herzen verschmelzen, die Seelen verschmelzen, die beide Geiste verschmelzen und die beiden Körper verschmelzen. Sie reisen zusammen als Einheit im vereinten Feld, in der vereinten Kraft der Liebe, in dieser elektromagnetischen Schwingung der Erfahrung und Existenz. Diese Vereinigung ist eine Quelle der Kreationen, sie gebärt neue Ebenen der Existenz und des Bewusstseins. Sie bringt die Samen auf den Planeten, damit dieser erneut zu dieser Einheit und Vereinigung durch die Heilige Verbindung gelangen kann, und so beginnt der Tanz mit dem anderen immer wieder und wieder; es ist die Erfahrung dieses Spiels und dieses Zyklus' der Anziehung und des Abgebens, um neues Bewusstsein immer wieder neu hervorzubringen und sie setzt die Samen auf einer anderen Ebene und so weiter und so weiter...

Die Heilige Verbindung verbindet alles, was ihr erfahren und zum Ausdruck bringen könnt, der Ausdruck des göttlichen Gottestempels eures Seins im menschlichen Körper, der die gesamte Weisheit und das innere Wissen enthält und woraus ihr besteht. Die heiligen Tempel der göttlichen Liebe befinden sich auf der Erde. Ihr braucht euch lediglich dafür zu öffnen und sie zuzulassen. Dann können die Schlüsselcodes der Heiligen Vereinigung durch Erkennen des anderen hereinkommen. Dann wird die Heiligen Verbindung durch die unterschiedlichen euch auf dem Planeten Erde umgebenden Verkörperungen möglich."

Marie schwamm in diesen Gedanken weiter. Sie wusste – dieses Mal hatte sie einen Weg erhalten, dem sie auch folgen konnte und wollte. Er war mystisch und konkret zugleich.

„Doch es beginnt alles mit dem Erkennen und der Heiligen Vereinigung in dir selbst, mit der Verbindung der Göttlich-Männlichen und der Göttlich-Weiblichen Energie deines Seins, um diese Energien deines Seins zu vereinen und neu auszugleichen, um die Vereinigung mit anderen geliebten Wesen, die Teil von euch sind, zu ermöglichen. Bringt euer wundervolles Sein zum Ausdruck, bringt zum Ausdruck, wer ihr in diesem Leben, in eurer Wahrheit seid. Tragt eure Reinheit und Schönheit ins Äußere. Lasst sie jedes Wesen auf dieser Erde umhüllen. Lasst sie diesen Planeten umarmen und ihn umgeben.

Da es in diesem Kosmos keinen Zufall gibt, kann auch eine so wichtige Begegnung wie die mit einem Gegenüber nicht zufällig sein. Vielmehr haben wir diese Begegnung frei gewählt, um bestimmte Lernschritte fortzusetzen, die wir in früheren Inkarnationen begonnen haben. Denn wir alle streben, bewusst oder unbewusst, nach der verloren gegangenen Einheit, deren Fehlen von uns in dieser dualen Welt als besonders schmerzhaft wahrgenommen wird.

Der Sinn dieser Verbindung ist daher immer, miteinander und aneinander zu lernen, um schließlich die gesuchte Einheit IN UNS zu ent-decken. Der Sinn dieser Verbindung ist daher nicht, sich mit Hilfe des anderen ein schönes, harmonisches oder gar bequemes Leben zu gestalten. Selbst wenn der andere das ideale Gegenüber für dich ist, wirst du gerade durch die Seele, mit der du am engsten verbunden bist, am stärksten gefordert - und damit gefördert. Schwierigkeiten, die so entstehen, haben also immer nur mit dir und nie mit dem anderen zu tun. Deshalb kannst du sie auch nur in dir lösen."

Marie hatte das Gefühl, das alles zu dieser Heiligen Verbindung gesagt war. Es fühlte sich rund und ganz an. Sie hatte einen klaren Weg vor sich.

Maria Magdalena blickte ihre Begleiterin voll Zärtlichkeit an – wie eine Mutter ihr Kind. Sie hatte Marie alles weitergegeben, was es im Moment weiterzugeben gab.

So saßen sie in der Mitte des Labyrinths. Der Weg zurück lag vor ihnen. Er würde einfach werden, weil aus der Einheit heraus alles einfach ist. Marie fühlte in sich die Erfüllung pur. Sie hatte den Weg durch das Labyrinth gemeistert und das Symbolon entdeckt. Sie hatte Erkenntnisse gesammelt, die sie bereit war, umzusetzen. Sie war der Frau begegnet, der sie viele Jahre begegnen wollte. Sie hatte von ihr alles erhalten, was sie für ihren Weg brauchte. Nun lag es an Marie. Sie wusste – es war möglich, das Symbolon aus Weiblich und Männlich – zuerst in ihr und dann auch im Leben in einer Verbindung.

Langsam standen die beiden Frauen auf und machten sich schweigend auf ihren Rückweg. Im Glück gibt es keine Zeit. Das Bewusstsein fließt und die Zeit verschwindet …

∞

Will man eine geglückte und wahrhaftige Verbindung konkret leben, dann muss man bei sich selbst beginnen und die männlichen und weiblichen Aspekte in sich in einen natürlichen Einklang bringen.

Der Anthropos ist das erste Ziel. Dann ist die Grundlage für die Heilige Vereinigung und die Heilige Verbindung bereitet. Nicht jeder und jedem ist das gegeben. Alles dazu ist im Seelenplan festgeschrieben. Es zeigt sich im göttlichen Timing. Doch es ist jedenfalls einen Versuch wert, sich auf den Weg zu sich selbst zu machen ... und zu sehen und hören, wer einem als Begleiter beigegeben ist. Noch nie war die Zeit dafür so günstig wie JETZT. Wer Ohren hat, der höre ...

Abschied und Weiterreise

∞

Die beiden Frauen waren auf ihrem Weg aus dem Labyrinth zurück in das, was wir als reale Welt bezeichnen. Maria Magdalena atmete immer wieder durch und blickte Marie in einer Weise an, die ihr völlig vertraut und gleichzeitig so berührend war. Ihr Lächeln sog sie förmlich ein. Sie wussten beide, dass nun der Abschied und die jeweilige Weiterreise gekommen waren.

Marie war erfüllt von allem, was hier und jetzt wichtig war. Sie hatte eine große innerliche Gewissheit, dass sie alles hatte, was sie für ihren Weg brauchte. Es gab nichts mehr hinzuzufügen zu diesem Tanz aus Weggehen und Ankommen, genannt Leben. Alles war vollkommen. Aus dieser Vollkommenheit heraus konnte sie ihren Weg aus dem Labyrinth zum Ausgang gehen. Sie vertraute, dass sie ihn leicht finden würde. Und – sie war neugierig, wie sich die Einheit in ihrem Leben zeigen würde. Interessanterweise ging der Weg zurück viel rascher als der Weg ins und durch das Labyrinth. Oder war diese eine Fiktion?

Marie merkte, dass die Energie sanft weniger spürbar für sie wurde. Doch Marie war nicht traurig – wie auch? Sie hatte alles erhalten, was für sie jetzt wichtig war. Sie hatte den Tanz mit dem Leben kennengelernt, das Zerbrochene in sich geheilt. Sie war bereit für das Leben – und sie wusste tief in ihr drinnen – wann immer es erforderlich war, konnte sie Maria Magdalena um Hilfe bitten. Sie würde sie garantiert erhalten.

Langsam öffnete Marie ihre Augen. Sie bewegte ihre Arme und Beine, kreiste mit den Schultern und den Füßen. Sie fühlte ihren Puls und hörte ihren Atem. Langsam kam sie wieder in das Hier und Jetzt. Sie spürte ihren physischen Körper, der ein wenig verspannt war und streckte sich kräftig. So wusste sie, dass sie wieder ganz präsent war. Das Licht im Verbindungsgang zwischen Nofretete und Herkules war heller als zu dem Zeitpunkt, als sie sich auf eine der Bänke gesetzt hatte. Vielleicht erschien es ihr nur so. Wer kann das schon mit Sicherheit sagen? Es war auch nicht wichtig.

Marie blickte auf. Die so vertraut gewordene Figur der Maria Magdalena war verschwunden. – Oder doch nicht? Wie lange hatte sie so gesessen? Sie blickte auf die Uhr und war überrascht. Es waren ganze zwei Stunden gewesen. Zwei Stunden, die sie für Nofretete und sich reserviert hatte und die sie mit Maria Magdalena verbracht hatte. Sie blickte zu Nofretete und vermeinte, dass die Büste lächelte. „Was ist das schon wieder?!" schalt Marie sich innerlich. „Komm bitte wieder ins Hier und Jetzt!" kam es aus ihrem Inneren. Für heute ist es genug. Nun lächelte auch sie – über sich, die so einfach die Bewusstseinszustände wechseln konnte, wie andere die Zimmer in ihrer Wohnung wechselten.

Doch Marie hatte keine Eile. Ihre Verabredung war in einer halben Stunde. Sie fand in dem Raum statt, wo sie eben noch saß. Den Papyrus hatte sie noch nicht entdeckt und sie wollte sich auch nicht auf die Suche machen. So genoss sie das wiederkehrende Leben, das einige Zeit im Hintergrund gestanden hatte. Marie beobachtete die Menschen, die an ihr vorbeigingen. Manche waren aufmerksam; andere starrten auf ihren elektronischen Führer und hörten, was so aus dem Kopfhörer kam.

Marie hatte alles, was sie brauchte. Sie war bereit für die Begegnung mit dem Papyrus. Und sie wusste, dass sie alles, was sie wissen musste, erfahren hatte. Es lag an ihr, was sie daraus machte.

Nach einiger Zeit erschien vom Nordkuppelsaal eine aparte Frau, schick gekleidet, doch nicht übertrieben, etwa in Maries Alter. Sie lächelte Marie an und stellte sich als die Sammlungsleiterin vor. Nach dem Austausch von ein paar Höflichkeiten ging Marie in freudvoller Erwartung zur Besichtigung des Papyrus, zur Besichtigung dessen, das von der Frau geschrieben worden war, die sie jahrelange beschäftigte, bereicherte und der sie in der *Imaginale* begegnen durfte.

Vor ihr lagen in einer einfachen Vitrine die Reste des Papyrus, den man Maria Magdalena zuschreibt. Jede und jeder kann ihn besichtigen. Er ist nicht versteckt, doch unspektakulär, wenn man die Reste mit Löchern vor sich hat, klein, im A5-Format. Pikanterweise liegt er zwischen zwei Artefakten, die man Petrus und Levi zuschreibt. Was uns das sagen will, wenn man weiß, dass Petrus der große Widersacher von Maria Magdalena war? Er, der Mann, der Eifersüchtige, der Polterer, der Stein, auf dem eine Kirche gebaut wurde und Maria Magdalena in ihrer Bedeutung immer wieder anzweifelte, sie ausgrenzte und niedermachte. Nun lagen die beiden Papyri friedlich nebeneinander. Auch das ist möglich – im Wandel der Zeit – und lässt alle Interpretationen offen. ... Wer Ohren hat, der höre ... Wer Augen hat, der sehe ...

Marie ließ ihren Blick für längere Zeit schweigend auf den Resten des Papyrus der Maria, wie er genannt wird, ruhen. Er war so wie Maria Magdalena selbst – einfach, klar, schlicht, bestechend und über allem stehend. Sie brauchte keinen Pomp und keine lauten Stimmen. Sie IST – auch nach 2000 Jahren, gleich, wer in der Vitrine neben ihren Gedanken liegt und wie die Schreiber dieser Gedanken über sie dachten und fühlten.

Sie ist für Marie Inspiration, Weggehen, Ankommen, Dasein. So lässt es sich den eigenen Weg gehen und immer wieder ankommen, um dann wieder gehen zu können. Im Tanz mit dem Leben... Es war ein guter Tag ...

Wer Ohren hat zu hören, der höre.

Wer Augen hat zu sehen, der sehe …

Und Marie fühlte Maria Magdalena in ihrer *Imaginale* ganz dicht neben sich. Was für eine Begleitung war ihr da zuteil geworden ….

Der Weg zurück war zu einem Weg zu ihr selbst geworden. Der Tanz des Lebens, der Tanz ihres Lebens, er konnte nun so richtig beginnen. Sie hatte die für sie beste Tanzlehrerin zur Seite, die ihr alle Schritte erklärt hatte, mit ihr geübt hatte. Nun war sie frei für den Tanz ihres Lebens - für Einssein gelebt!

Wer Ohren hat zu hören, der höre.

Wer Augen hat zu sehen, der sehe …

∞

∞

Fotocopyright Andrea Riemer 2019

Essays von Andrea Riemer exklusiv bei https://spirit-online.de/praesent-sein-frau-sein-selbst-sein-sicher-sein-mit-andrea-riemer

Onlineberatung und Webinare exklusiv bei https://www.spiritym e.de/dialog/de/p/andr eariemer

Webseite: www.andrea-riemer.de

Printed in Poland
by Amazon Fulfillment
Poland Sp. z o.o., Wrocław

54673091R00115